书山有路勤为泾，优质资源伴你行
注册世纪波学院会员，享精品图书增值服务

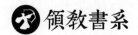
领教书系

MOMENTS OF

IMPACT

HOW TO DESIGN STRATEGIC
CONVERSATIONS THAT ACCELERATE CHANGE

关键会议

设计重要对话，促进组织变革

[美] 克里斯·厄特尔　丽莎·凯·所罗门◎著

李昕◎译　任伟◎审校

电子工业出版社
Publishing House of Electronics Industry
北京·BEIJING

Chris Ertel and Lisa Kay Solomon: Moments of Impact: How to Design Strategic Conversations That Accelerate Change

ISBN: 978-1451697629

Copyright © 2014 by Chris Ertel and Lisa Kay Solomon

All rights reserved. This edition arranged with C. Fletcher & Company, LLC. , through Andrew Nurnberg Associates International Limited.

本书中文简体字版由 C. Fletcher & Company, LLC. 授权电子工业出版社独家出版发行。未经书面许可，不得以任何方式抄袭、复制或节录本书中的任何内容。

版权贸易合同登记号　图字：01-2014-5117

图书在版编目（CIP）数据

关键会议：设计重要对话，促进组织变革 /（美）克里斯·厄特尔（Chris Ertel），（美）丽莎·凯·所罗门（Lisa Kay Solomon）著；李昕译. —北京：电子工业出版社，2019.5

ISBN 978-7-121-36447-1

Ⅰ. ①关… Ⅱ. ①克… ②丽… ③李… Ⅲ. ①企业管理—组织管理学 Ⅳ. ①F272.9

中国版本图书馆 CIP 数据核字(2019)第 085024 号

责任编辑：王　斌
印　　刷：天津嘉恒印务有限公司
装　　订：天津嘉恒印务有限公司
出版发行：电子工业出版社
　　　　　北京市海淀区万寿路 173 信箱　邮编 100036
开　　本：720×1000　　1/16　　印张：16.5　　字数：218 千字
版　　次：2019 年 5 月第 1 版
印　　次：2019 年 5 月第 1 次印刷
　　　　　2021 年 7 月第 2 次印刷
定　　价：68.00 元

凡所购买电子工业出版社图书有缺损问题，请向购买书店调换。若书店售缺，请与本社发行部联系，联系及邮购电话：（010）88254888，88258888。

质量投诉请发邮件至 zlts@phei.com.cn，盗版侵权举报请发邮件至 dbqq@phei.com.cn。

本书咨询联系方式：（010）88254199，sjb@phei.com.cn。

推荐语

VUCA 时代，从向经验求教到向未来探索，对话是萃取团队智慧的利器，而关键会议的设计是产生优质对话利器的"小无相功"！我们用"对话"开启未来！

——吴志荣　前阿里巴巴组织发展高级专家

在 VUCA 时代，应对调适性挑战的"啊哈"时刻——影响力时刻，来自一次精心设计的关键会议。如果你正在为眼前或未来的复杂挑战一筹莫展，那么你要做的事情很简单：打开这本书，开始探寻之旅，你会找到你和你团队的"智慧钥匙"。

——秦英　阿斯利康前人力资源总监　系统性团队领导力教练

好的产品、服务和体验是设计出来的，好的战略对话和会议也是设计出来的。让我们聚焦在战略对话设计的 5 个关键维度，构建高能量、高质量的战略对话容器！

——金沙浪

IAF 国际引导者协会 CPF 认证专业引导者，《世界咖啡》译者

通过"共创式会议工作坊"我认识了任伟老师；如今又有幸拜读了他审校的《关键会议》。作为公司品牌营销高级经理，我们一直致力于把共创式会议推送到营销组织的各个层面，甚至经销商端。但如何才能让会议更具有持续的影响力？这一直是困扰我们的一个难点，而《关键会议》揭示了这个秘密！它能够帮助我们更好地适应在 VUCA 时代下，传统销售渠道的革命。

——谢隽　上汽乘用车公司，营销高级经理

我认识的任伟是基本功的坚定信奉者。对于成功创建未来型组织，主持、引导、参与会议都是极其重要但又常被忽略的基本功。没有它，就没有质量的保证，更不要说什么青色组织、行动学习、组织发展了！

再次欣慰于任伟审校的《关键会议》，让我们在此时此刻看到有正面冲击力的会议是何等重要！重点是，它在任何组织都是马上可用的！

——Joey（陈颖坚）　两岸三地资深组织发展工作者

会议已经成为现今商业活动中一个不可或缺的部分，会议的有效性和质量也成为评价一个组织和团队是否高效的重要指标。大到公司/部门战略的制定，小到员工个人绩效计划的制订，都需要通过一系列的会议来完成。《关键会议》解决了我多年来的困惑，它不仅给我们提供了一个非常系统的框架，更重要的是强调了在关键会议设计中如何注重高质量的"对话"，从而提升和增加更多的"影响力时刻"。

——王善谋　前丹佛斯中国区人力资源负责人

不管是文化探讨、战略沟通还是复盘等，我们经常会用关键会议的方式来组织大大小小的会议。它可以帮助场域的每一个人跳出自己的思维框架，共同看见和发现，最后会有意想不到的收获和惊喜。改变组织，从改变每一次会议开始。

——周莉 阿里巴巴 HRG

会议质量好坏是组织能力高低的直接体现。一场高质量的关键会议一定是用心设计出来的。高质量对话倡导者任伟老师审校的《关键会议》从明确会议目的到创造参会体验，系统详尽地阐述了如何打造一场高质量的关键会议，书后的工具箱更是实用的随身自我教练。书中对群体思维弊病的指出，对我的引导实践格外有启发。这是一本扎实的好书，值得管理者和引导同行用心阅读。

——钱政英 资深引导师 Synnecta 中国合伙人

关键会议是组织重要的突破性时刻。整合多元视角，集合集体智慧，共同看见，共同改变是关键会议的结果。组织的重要变革从关键会议开始。一场关键会议，需要设计者、主持者、参与者全身心地投入，是理性思考、感性把握和开放式沟通的结合。在 VUCA 时代，关键会议已经成为应对组织难题并找到突破口的重要途径。

——吕红 晖致医药有限公司大中华区人力资源部负责人

我有幸与近百位资深人士，包括草根创业者、五百强企业高管、资深顾问、团队教练、复合型引导师、跨界艺术家等，共读过这本书，都说相见恨晚。在我看来，《关键会议》是你在 VUCA 时代需要掌握的最重要的领导力技能之一，可学而至！

——老房 《关键会议》读书会发起人

审校序

在 VUCA 时代，组织会遇到越来越复杂和不确定的挑战和问题，如何有效地找到应对之道？看看他们是如何开会的，就能够判断他们的组织的能力。《关键会议》聚焦于如何开好组织中非常重要的会议：需要多方参与的共创会，旨在解决复杂、模糊、需要多元参与、对组织未来会产生重要影响的会议。

这本书不同于其他会议设计和引导的书籍，它有 3 个重要的关键词：设计、战略和对话。

1. 设计：这本书是从设计师的视角来看待会议。高质量的会议不仅要有其功能性，还要有良好的用户体验，而这两部分都需要从用户的角度去设计。会议的用户就是参会者，是与会议目标强相关的利益相关者，他们美好的参会体验能促进高质量的产出。作者认为，如果你能够作出影响他人的决策，你就是个设计师。

2. 战略：这本书所关注的会议，是对组织能够产生战略性影响的会议，用作者的话说就是能够给组织带来影响力时刻（Moments of Impact），它可以是战略规划会议，也可以是组织的文化共识营、产品规划会、各种议题的共创会，等等。

3. 对话：要能够解决复杂、模糊、困难的问题，需要拥抱多元视角和观点。本书特别强调对话的作用，围绕会议目的，把多方视角和观点带入会议，人们通过对话能够聆听彼此，相互探询，渐渐形成共识，拨云见日，共同创造解决问题的方法。

高质量的关键会议都能带来突破性的时刻，书中提供了很多的真实案例来介绍如何设计会议，例如，在战略会议上让自以为是的高管们模拟竞争对手，讨论超越自家公司的方法和策略，PK 之后，大家的紧迫感一下子就起来了。这种会议设计既有戏剧性又令人难忘，同时还能够促进参会者的全情投入。高质量的投入，才会有高质量的产出。

值得一提的是，本书提供了设计关键会议的清晰架构，并不是先有理论后有实践，或是仅仅基于两位作者自身的经验，而是两位作者采访了多位关键会议的设计高手后，找到规律并整理出的一套方法论，这本书是来自多位关键会议设计"黑带大师"的经验。

本书的英文名是 *Moments of Impact*，意思是影响力时刻，指的是一次次对组织产生战略性影响的会议，书中用的词是 Stategic Conversation。如果直译就是"战略性对话"，我们担心这样翻译，读者会认为这是关于战略会议的一本书，是战略部的人需要看的书。然而，战略性对话涉及任何关乎组织发展的重要议题，可以是关于战略、文化、组织架构、产品服务、跨部门协作的，等等，于是我们选择用《关键会议：设计重要对话，促进组织变革》作为中文书名，意在通过关键会议，促进高质量的对话，推动组织变革。

回想我所服务过的企业客户，他们的很多重要会议由于缺乏设计，要么陷入中规中矩的议题讨论，要么陷入僵局、不了了之甚至引发严重的冲突。会议的召集人，是否从"参会者的体验"角度来"设计"会议，最大限度地激发参会者的投入、热情、经验和智慧？。

在我所服务的企业中，也有很重视会议设计的，杭州有赞就是其中的一家，无论是战略共识会还是文化共创会，都很有设计感，公司 CEO、

核心高管、HRBP 和外部顾问一起来设计，大家花很多时间厘清会议的目的、谁应该参会并做出贡献、会议进程如何一步一步地展开，以及如何创造参会者体验。这样的关键会议，对于公司的发展来说的确是影响力时刻。

领教工坊作为中国民营企业家成长、民营企业组织能力赋能的专业机构，在对中国民营企业大量的辅导中发现，如何开好会，是组织能力的核心能力之一。这本书得到了领教工坊 CEO 朱小斌老师的大力支持，工坊为自己的企业家私董会组员企业提供一系列不同主题的关键会议设计和辅导，并开始培养组织内部的关键会议召集人，我们相信《关键会议》能够帮助中国企业提升组织能力。

我很期待与《关键会议》的读者们切磋、交流学习和实践经验，也欢迎大家就这本书的翻译提出修改意见。

任　伟

专业团队引导师、团队对话教练

联系方式：renwei.china@qq.com；

公众号：对话共创美好

前 言

在哈佛商学院（或任何其他地方）都学不到的最重要的领导力技能

　　这个咨询电话是布鲁斯打来的，他8天后要主持一个重要会议，他显得非常焦虑。作为一家国际发展机构的高级经理，布鲁斯即将主持他职业生涯中最重要的一次会议。应他的邀请，40位国际顶尖的经济发展领域的专家将会聚雅加达，为亚洲未来的发展出谋划策。随着会议日期一天天迫近，布鲁斯惶恐于耗时2天的会议是否能取得真正的成果。

　　我们问了他几个问题："这次会议的目的是什么？预期的结果是什么？"答："我们只想让大家过来交流一下，这样他们可以互相借鉴，"布鲁斯回答，"毕竟，他们是专家。"

　　问："这些专家已经达成一致的重要观点是什么？他们的分歧又是什么？"答："我们认为会在会议上找出这些答案。我们没有时间事先和每个人进行沟通。"

　　问："如何就大家所关心的问题展开讨论呢？"答："我们已经把8个最重要的话题列在了日程上。我们想让大家在会议上共同解决它们。"

　　问："为使会议富有成效，你营造了怎样的会议环境呢？"答："会议地点定在市中心的一家大酒店。但我还没有去过那里，你可以查查酒

店的官方网站。它看起来很不错。"

问："你希望参会专家有什么样的体验呢？"答："哦，你的具体意思是什么？"

我们问了布鲁斯更多的问题——"谁将首先在会议上发言，他要说什么？你希望大家提出什么深刻见解，接下来大家又要做什么？"——我们能够感受到布鲁斯越来越紧张的情绪。他还没有想好一些基本但关键的问题。可是现在，他没有太多时间了。

于是，我们迅速改变了策略。我们首先帮助布鲁斯找出在余下不多的时间里需要做的事情。可是，这时布鲁斯有了另一个主意："周一你能在雅加达吗？"

设计关键会议：一项技能，而非碰运气

布鲁斯是一位成功的专业人士，接受过一流的教育，有运作各种会议的丰富经验。然而，在他的经历中，他从未设计过此类会议——一次旨在解决复杂未知问题的、创新的、合作的会议。这可不是一次常规会议，而是一次关键会议。

如果你是组织中被委以重任的管理者，那么你肯定参加或组织过一些关键会议。在某种情况下，几乎所有的主管——无论什么级别、什么企业，都有坐在一起解决最让他们头疼的难题的经历。在这些关键时刻，每个人都指望着你——并不是要你给出所有的答案，而是希望你能和他们一起寻找答案。

你大概知道如何组织一次关键会议——但对是否能达成最佳的结果缺乏信心。大多数主管在筹备关键会议的时候都感到焦虑不安，原因就在于他们缺乏对这项技能的训练。据我们所知，主要的商学院或经理人

培训项目并没有提供如何设计关键会议这门课程（甚至是一个单元的学习）。

　　这确实值得我们思考。我们花费精力、财力把最好的人才集中起来，他们具有不同的专长，来自不同的领域，我们想让他们解决我们最大的难题。可是，无论作为参与者还是主管，我们对如何做好这件事情缺乏基本的指导。

　　这种疏忽让人匪夷所思。设想一下下面的情况，专业的高尔夫球手掌握了这项运动的各项技能——除了击球入洞。他开球时能在球道上径直打出 250 码的距离，做出标准的切杆动作，但球没有入洞。如果一名职业高尔夫球手缺乏击球入洞的能力，那么他是很难有所发展的。如果主管缺乏激发参与者卓有成效地通过合作来解决难题的能力，那么他又怎么期盼进一步的发展呢？

　　正因为我们不重视这种技能，导致原本很有能力的主管在组织关键会议时缺乏清晰目标；或者在关键会议上安排一个又一个演讲，堆砌各种事实，却没有阐明当前要做出哪些选择；或者召开一次貌似不错的远程会议，要求参会人员贡献计谋，但显然主管已经有了自己的主张；或者组织一次随心所欲的头脑风暴会议，觉得"每个主意都不错"。我们还能举出很多类似的例子，估计你也可以。

　　即使一切准备就绪，结果也可能达不到预期。合适的参会人员、清楚的问题、精心准备的内容，但是……怎么说呢，期望的结果没有出现。大家围绕这些话题兜圈子，会议毫无进展。我们把这种情况称为离合器打滑综合征：你以为发动了汽车，可是它正在空挡上倒退呢。

　　后来我们得知，布鲁斯的雅加达会议还算"顺利"。参会专家提出了不少有趣的点子，而且建立了新的关系网。但会议效果并不明显，也没有开展后续行动。会后，大家拿起行李，各自回家，也就这样了。布

鲁斯本来有机会借这次关键会议成为英雄，发挥他的影响力。可是，他筋疲力尽而且事倍功半。

许多关键会议从效果上看是"合格的"——既不是本垒打，也不是彻底的失败。但看似"合格的"关键会议其实并不合格，其代价是巨大的。它耗费了宝贵的时间，花费了大量的资金——在某些场合，甚至是几十万美元的开销。参会人员的积极性降低了，他们质疑会议组织者的能力。最糟糕的是，这样的关键会议可能产生糟糕的决议，从而使整个企业处于危险之中。

与之相反，有效的关键会议能成为影响力时刻，促进企业积极的变革。通过整合不同背景和不同视角的参会人员的最佳想法，关键会议能产生新颖的见解。它能让参会人员摒弃日常琐碎的争辩和狭隘的自我意识，共同致力于更宏伟的集体目标。关键会议能引起深刻、持久的变革，这将改变企业的未来。我们已经多次见证这样的影响力时刻，它经常在冲破重重障碍之后产生。

当然，一次凑合的关键会议和成为影响力时刻的关键会议，两者之间的差异可不是碰运气的事情。设计关键会议是一项技能——而不是碰运气。它的一些核心原则和关键性操作能够使一次毫无新意的会议转变成一次令所有人难以忘怀的经历。

这是一本具有使命感的书。我们力图消灭那些糟糕的、令人精疲力竭的关键会议——取而代之，组织召开鼓舞人心、具有创造性意义的关键会议。现在，我们致力于为那些需要更好关键会议的经理和主管提供唯一且最有用的资源，帮助他们塑造企业更美好的未来。

成功的关键会议：尼尔·格里默的影响力时刻

尼尔·格里默热衷于健康食品——尤其是当他有了两个可爱的小女儿后。格里默是珀拉姆有机食品公司（Plum Organics）的合伙人、总裁和"老爸"。这是一家成立于 2007 年的婴儿食品公司，公司目标是改变婴幼儿的饮食方式。这家公司生产长保质期的有机食物（产品以特殊成分为特色，如紫色胡萝卜），其包装采用最新技术，如从日本进口的可再密封袋。到 2012 年，珀拉姆有机食品公司已经拥有固定的客户群体，年收入接近 4 000 万美元。

2012 年年初，格里默觉察到公司的发展到了一个转型阶段。其他采用同样生产方式的小企业异军突起，严重威胁到本公司的客户和市场。与此同时，珀拉姆有机食品的触角已经拓展到嘉宝、贝奇特这些领军企业的大市场。"目前我们的主要收入来自这些企业的亏损。"格里默说道，"但我们只能占据一小部分市场，他们会注意到我们并采取行动。"

格里默觉得是时候让公司董事会成员进行一次关键会议了。5 名成员——都是成功的创业者或主要的投资人——他们在微妙、复杂的竞争市场浸染多年，比他更富有经验。格里默需要他们的建议和指导，但要做到这点，格里默需要采用不同于以往的方式。"我们以前也探讨过关于竞争的种种可能性，但这些都是理论上的假设，难以实现，"格里默说，"这次，我们需要进行一次以行动为导向的沟通。"

在这样的关键时刻，大多数主管通常都会采用传统的商业规划和战略工具。格里默不同——他可是一位训练有素的雕塑家和设计师，而且富于创意。他并没有把公司的主要竞争对手向董事们作常规的密集展示和工作汇报（董事们对这种方式并不陌生），他采用作战模拟演习的方

式进行关键会议。

在这个为时 2 小时的会议上，格里默为每名董事会成员搭配一名珀拉姆有机食品公司的员工，每组扮演一家珀拉姆的竞争对手。在头一个小时里，他要求各组进行网上调研，制定规划并向大家汇报。各组的任务是：找到一种办法，夺回被珀拉姆有机食品公司占据的小部分却日益增长的市场份额。为了清楚地说明任务，格里默使用幻灯片来介绍这次活动，幻灯片上只有 3 个词——"婴儿""食品""大战"，与一幅可爱婴儿挥舞拳击手套的图片。

对这次会议，格里默还是有些担心。作为一名有经验的咨询顾问，他认为这次会议成功的可能性很大。但作为公司的总裁，他不太确定董事们会对这次不同寻常的任务做出什么反应。"我本想把详细的背景材料提供给他们，"格里默说，"但我没有这样做，而是让他们亲自去做主要的调研，他们是可以拒绝的。如果他们不能以正确的态度参与这次活动，那么最后的结果就好不到哪儿去。"

但是，格里默过虑了。各组成员很快开始行动。每个人都清楚地看到其他小组的努力，竞争意识油然而生。甚至，格里默发现两个小组一度进行了合作。扮演私人品牌的小组和扮演一家与珀拉姆有机食品公司相似的小型竞争对手的小组共谋策略。

在团队重新汇集之后，那两个进行了合作的小组给出了占领有机婴儿食品市场的精彩策略方案：组合策略，连环出击，同时占领高端和低端市场；使用不同的品牌，但享有同一供应链和经销网络。

"演习一开始，每个人都立刻感到竞争感，"格里默回忆道，"竞争意识是发自内心的。在那一刻，我们感觉我们好像在参加竞争对手的董事会。这之后，其他扮演者也进入角色，演出精彩极了。"

最终，活动的结果超出了格里默的预期。"我们达成了真正意义上的共识，若不这样做，它根本不会发生。"他补充道。模拟演习清晰地把珀拉姆有机食品公司面临的主要问题摆在眼前——面对日益严峻的竞争环境，公司如何进行战略定位。会后，董事们也对能起作用的竞争动力达成了更强烈的共识。随后的几个月，珀拉姆有机食品公司需要拓展国际市场以巩固其竞争地位。2013 年年初，它买下了一家类似的英国公司，命名为珀拉姆（英国）。

到目前为止，虽然竞争激烈，但是珀拉姆公司仍然以强劲的势头持续发展着，其 2012 年的组合收益超过了 9 000 万美元。2013 年中期，金宝汤公司（Campell'sSoup）买下了珀拉姆公司。很多因素共同促成了珀拉姆公司的成功，但那场婴儿食品大战是重要的关键时刻，推动公司朝着积极的方向发展。

那场婴儿食品模拟演习发挥了巨大的作用，原因在于：董事会成员没有懒散地坐在那里，傲慢地评判管理团队的工作，而是参与活动并积极解决问题；参会人员的热情和斗志被激发出来；格里默勇于冒险且定位准确——因为他很清楚常规的商业模式已经无能为力。

格里默所采用的方法并不需要很多的道具、大量的数据或先进的辅助技术。它只需要一丁点儿创造力和勇气——并且最重要的是，思维方式的转变。

关键会议：第三种方式

面对需要合作才能解决的难题——日趋增加的竞争压力或商业模式的转变——大多数主管会选择两种普遍的方式：常规会议或头脑风暴会议。这两种方式在很多情境下发挥了作用，但在解决复杂、未知的难题时，就显现出不足了。

帕特里克·兰西奥尼的那本《该死的会议》令人耳目一新。在书中，他写道："大多数常规会议没能做到全力以赴解决困难问题所需要的全身心参与。"会议召集人希望参会人员能够专心投入，但又常常给参会者安排过多议题。心理学教授基思·索耶对创造力进行了深入研究，他认为头脑风暴会议不能产生带来显著效力的结果。他写道："数十年的研究不断表明，通过头脑风暴会议产生的点子远不如同样由这些人先进行独立思考后再汇集起来的点子多。"

也许还有一种选择——令人高兴的是，确实有。关键会议就是第三种方式。关键会议和常规会议或头脑风暴会议不同，它自成一派：关键会议是互动的、具有战略意义的、旨在解决问题的会议。它不仅需要参会人员有分析问题的能力，而且还要有创造力和全身心投入的热情。

关键会议发生在很多场合，它并不是公司战略规划部门的独有工作。它可能以正式或非正式会议的形式出现——无论是董事会，还是私人会晤。它可能是专题讨论会、工作研讨会，或者常规会议中的一个环节。大多数时候，关键会议需要 5~10 名参会人员，并且需要至少半天的时间。关键会议的显著特点是：产生很大的影响，答案不明确；期待参会人员能够穿越部门墙，共同产生具有创造性的洞见——而不只是在会议上展示准备好的材料。

下面的情况需要召开关键会议，这些情况通常是没有现成答案、会产生很强影响力的情境。

▸ 产品发展团队为客户寻找"下一个创造奇迹的产品"。

▸ 人力资源总监希望公司上下参与制定人才战略。

▸ 管理团队寻求了解全球因素对其所在行业和市场的影响。

▸ 学校规划委员会试图在有限的资源条件下，从着眼于未来的角度对基础设施和人员安排问题做出决策。

▸ 业务部门主管在缓慢增长的外部环境下寻找出路，以实现业务拓展。

▸ 初创企业领导团队正面临着企业的商业模式"是调整还是坚持"的决策时刻。

▸ 信息技术部门总监正在搭建新技术平台，以便支持企业各个部门的工作。

很多人都觉得，自己的企业里有太多糟糕的会议。他们也许是对的，但我们认为，他们几乎没有进行足够的关键会议——尤其是处在我们现在的时代。

欢迎来到 VUCA 世界

现在的世界变化得太快了，这并非老生常谈，真实情况确实如此。不可预见的动荡不安已经成为这个世界的常态特征。军事规划专家为此起了一个官方的名称，他们称为 VUCA 世界——意为我们所处的环境充满永无休止的波动性、不确定性、复杂性和模糊性（Volatility, Uncertainty, Complexity, and Ambiguity）。

VUCA 世界有点像一个游乐场：里面充满各种刺激的经历，但不是所有体验都会带来乐趣。在这个世界里，股票价格每周都会疯狂变化，所有的行业在更大的生态系统下成为关注的焦点。在这个世界里，新的竞争对手出其不意地涌现出来，颠覆性技术一夜之间彻底摧毁根深蒂固的商业模式。在这个世界里，地球另一边发生的政变或海啸会以惊人的方式摧毁市场。

纯数字技术公司（Pure Digital Technology）——翻转视频（Flip）的创造者——为我们呈现了在 VUCA 世界中如何改变市场方向的最好例子。两位创业者——从位于旧金山城中心的一家珠宝店楼上的一间小办公室起步——创造出人人都能使用的超廉价录像机。2007 年，第一代面向大众市场的翻转相机问世，它能够直接通过 USB 驱动程序上传录像。它虽然只有 100 多美元，但是一经问世就在几周之内迅速成为亚马逊网站上最畅销的微型录像机。

几年后，即使被索尼这样的大腕企业抄袭，Flip 仍然占领了低端微型录像机市场。Flip 采用其小规模模式持续推出创新产品——高清晰度的品质、可定制的"产品皮肤"——这些让同类大企业望尘莫及，同时它还保持着低廉的价格。2009 年 3 月，思科公司以 5.9 亿美元的价格收购了纯数字技术公司。

仅仅两年后，2011 年 4 月，思科公司停产 Flip，并且以很低的折扣卖掉了余下的库存。到这个时候，低廉的录像机已经成为手机和相机的普遍配置。思科公司也改变了企业战略，把业务重心从消费产品市场转移到企业市场。

当今世界瞬息万变：短短 4 年内，一家新公司异军突起，从风雨摇曳的初创阶段到成为市场主宰，收获丰厚的回报，再到最后的偃旗息鼓。在 VUCA 世界里，企业面临着方方面面的、不断的、意想不到的情况。当你感觉自己摸清了主要市场趋势的时候，趋势却又发生了变化。

调试性挑战需要调试性领导力

罗纳德·海菲兹在哈佛肯尼迪学院研究领导力已经 20 多年了。在他的一系列优秀著作中，海菲兹和他的同事们明确区分了技术性挑战和调试性挑战（Adaptive Challenges）。这对解决 VUCA 世界的各种难题非常重要，也是我们了解关键会议的基础。

技术性挑战需要应用熟练的技能解决清晰的问题，如建造大桥或筹备一条生产线。技术性挑战也许很复杂，但它们仍然能在熟知的领域内得到解决。在这些情境下，比较传统的领导策略能够发挥作用。这就好比你的心脏出了问题，你希望最有经验的外科医生主刀手术，而不是进行身体锻炼，虽然大家一致认为这是有益的。

调试性挑战，恰恰相反，是复杂的、没有答案的、不确定的。在多数情况下，很难说什么是正确的问题，更别提答案了。当今，很多企业应对的许多最重要的战略挑战都是调试性挑战，正如我们前面列举的那些情况。

对于任何一个高层经理或者小型领导团队来说，独自应对调试性挑战几乎是不可能的。它需要许多人进行观察并提出见解，这些人对企业出现的问题有不同的看法。它需要汇集这些不同的看法以产生新的观点和可能性，而单枪匹马的思考方式是无法做到的。

驾驭和应对调试性挑战需要一系列不同的领导力，如提出敏锐的问题、赢得同事全身心投入的热情、及时整合不同的见解等。尽管一些领导者已经具备了这些技能，但是他们很难成为商学院项目或年度绩效评估的主角。因为这些技能还不为人们熟知，对这些技能缺乏了解的领导者努力寻找应对调试性挑战的方法。他们紧抓"新技术"不放，寄希望于技术手段，但技术手段只能解决调试性挑战的一部分问题。

战略规划真的有效吗

考虑到 VUCA 世界的现实情况，现在许多领导者对采用传统方式进

行战略规划是小心翼翼的，这种传统方式适用于在平稳时期解决技术性挑战难题。眼下，制定 3 年或 5 年可预见性的、实现持续增长的战略规划已经很少见了——这种意识更像苏联时期计划经济的残余，而非充满活力的现代商业的主流做法。早在 1994 年，亨利·明茨伯格就在他那本影响深远的《战略规划的兴衰》（*The Rise and Fall of Strategic Planning*）一书中做出了这样的评论。现在，虽然许多企业仍然召开年度战略规划会议，但通常都是些例行讨论，并没有产生新的见解。

与此同时，作为一种获得可持续竞争优势的方式，制定公司长期战略也正逐渐失去优势。我们如此熟悉那些常被提及的、持久的、成功公司的战略案例——西南航空、苹果、企业租车等——只是因为这样的案例太稀缺了。虽然制定长期战略规划的想法仍然对我们有强大的吸引力，但是很难在不断变化的竞争环境和规则下付诸实施。

可是，很多企业还是义无反顾地发布官方战略规划。连卡通人物呆伯特这个宅男都知道，这些文本要么就是司空见惯的陈述（"使我们的客户满意""增长我们目标市场的份额"，或者那句陈词滥调"使股东利益最大化"），要么就是目前措施的罗列（"净推荐值增长 5 个百分点""减少供应链上的浪费"），或者两者都包括。他们这样做的目的更像抚慰雇员和投资者，表明他们还在掌控大局，而并没有为决策提供真正的指导。这样的战略规划使我们联想到好莱坞为拍片而搭建的西部城镇，从外面看，确实不错，只要你要求不太高。

理查德·鲁梅尔特是加州大学安德森管理学院的一名教授，他从事战略规划方面的写作、教学和咨询工作已有 40 多年了。他最近的《好战略，坏战略》一书为我们展现了现今战略规划的全面概述。它并不美好，正如鲁梅尔特所观察到的：

遗憾的是，好战略只是一种例外，并非普遍存在。问题还在不断增加。越来越多的企业领导者自诩他们有战略规划，但实际上他们没有。他们所主张的正是我所称的坏战略。坏战略会遗漏令人讨厌的细节，如问题。坏战略忽视选择和聚焦，却尽力适应大量互相矛盾的需求和利益。这就好像一支球队的四分位，他对队友唯一的建议就是"去赢得比赛"——这其实是没有包含任何建议的尽人皆知的目标。同样，坏战略用它的宏伟目标、远大抱负和价值观掩盖了真正意义的指导作用。

"战略家"的兴起

当然，战略规划并没有消失——它也在不断进化着。如果说几十年前，战略规划就像一场高风险的棋类比赛，那么今天，它更像一场曲棍球比赛——快速、有风险、很难跟得上。只要有规划，就有战略随即应运而生。

在公司层面上，公司的管理者倾向于制定大目标，希望解决各种不断变化的问题，而不是为之后几年的工作制定详细的日程安排。与此同时，公司各部门的管理者和经理们正面临各种层面上不断涌现的调试性挑战，他们需要在不明确的情况下、在没有更多的指导帮助下，做出更多的决定。

在当今大多数企业里，战略是一种无处不在的动态活动。在不同时期，企业的不同部门不断出现新的问题和机遇，这需要一系列不同的解决策略。虽然大多数管理者并没有意识到战略的重要性，但是要应对VUCA世界各种无情的挑战，战略规划也许是唯一现实的做法。

于是乎，大量的各种各样的"战略家"应运而生——他们的头衔上都有"战略"这个词，如战略营销经理、战略产品开发、战略风险项目等。我们估计，现今大多数大型企业拥有比核心战略部门人数还多的战

略家，这些战略家的存在使战略部门并不需要太多人员。

在所有这些波动和变化当中，还有一个不变的事物。那就是，如果你希望在应对调试性挑战时取得进展，那么你需要获得最佳团队的最佳思考和判断力——尤其当人们意见不一的时候。常言道：集体的智慧强过个人的智慧。此外，如果这些人不参与关键会议，那么让他们执行战略决策是相当困难的事情。

所以，管理者面临的是世界级难题：他们需要在不确定的条件下做出明智的战略选择，同时他们需要调动更多具有不同见解的人更有效地参与到决策过程中并更迅速地完成决策。要做好这点，我们需要以更聪明的方式使人们参与到战略过程中。现在不同以往，制定战略就是需要对话。

我们的出发点

在过去的 15 年里，我们帮助很多管理者组织召开了卓有成效的关键会议，在 20 多个行业和领域中组织了上百场这样的会议。我们设计和组织召开的关键会议话题无所不包：从投资服务到办公室家具、从全球物流到消费电子产品、从药品到软件、从墨西哥的高等教育到日本的未来。我们涉及的战略分支部门也相当广泛——从公司和单业务分部到创新、营销、技术和人力等职能部门。

我们设计和组织召开的关键会议形式多种多样：从正式的董事会议、外出研讨会，到公司范围的临时会议、通过卫星转播的全球虚拟会议。我们曾在澳大利亚的一次领导力团队会议上探讨澳大利亚大鸨的生态问题；我们也曾在罗马促进来自 80 多个国家的天主教领导者之间的对话；我们还帮助上千位商业领导者预测过 2008 年的全球金融危机。

为此，我们付出了上万小时的努力。

我们的工作及本书是 3 个专业领域的交集：战略、设计和对话。我们不打算在这些各自成熟的领域开辟新天地，在本书中我们会借鉴这些领域已经存在的卓越思想和研究结果。我们关注的重点是这些领域的交集部分。虽然这部分现在还没有引起人们太多的关注，但是它对于现今企业的商业成功和生存意义重大。

我们把这部分称为设计关键会议的艺术与科学。

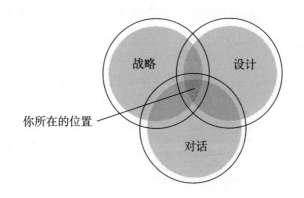

关于本书

本书的读者是那些要解决企业中最困难、最头疼的战略性问题的雄心勃勃的管理者；那些努力调动董事会成员积极性的企业家；那些锐意倡导全新商业模式的社区影响力的社会变革推动者；那些处于变革缓慢的行业中满怀希望的教育者和医疗从业人员；那些决心迎接全球化挑战的富于进取精神的商学院学生们。

在本书里，我们竭尽全力"破解密码"，探讨如何才能设计和组织有效的关键会议。我们总共采访了 100 多位各界人士，包括许多管理者、领导者、深谙关键会议的专家——我们称其为"黑带"人士（柔道最高

级别）。我们就关键会议的核心话题与这一领域的卓越思想家们交流，比如领导力领域的罗纳德·海菲茨和齐普·康利，战略领域的彼得·施瓦茨和约翰·富勒，规划领域的比尔·莫格里奇和约翰·前田，团队对话领域的亚瑟·克莱纳和大卫·西伯特，视觉思维领域的南茜·杜阿尔特和丹·罗姆，体验设计领域的内森·谢卓夫和詹姆士·吉尔默，还有在线会谈领域的克莱·舍基和丽莎·甘斯基。

这套技能很难得到发展的一个原因在于它完全缺乏公开案例。大多数的关键会议都是在封闭的空间里进行的，参会人员一般就十几人。如果没有见过高质量的关键会议怎么开，就很难优化现有的关键会议并改善其品质。

本书将带领读者踏上观摩那些伟大关键会议的旅程。从中，你会学到哈格蒂保险公司（Hagerty Insurance）的管理者在面临不同发展机遇的决定时刻，如何更新公司的核心目标；在"社会效应投资"这一新兴领域内，洛克菲勒基金会（Rockefeller Foundation）如何组织从业人员把这个模糊的专业术语发展成为旨在解决社会挑战的全球化网络。我们也将展示一些无论是目标还是规划都十分创新的关键会议——包括美国财务软件公司财捷公司（Intuit）如何设计一次寻宝游戏以帮助经理们预见移动平台上出现的新机遇；一家天主教教职修会，德拉萨尔基督教兄弟会（the De La Salle Christian），在会员人数下降的现实问题面前，如何利用一场专门定制的棋盘游戏憧憬组织的美好未来。

本书让读者快速地掌握方法，系统地学习关键会议的技能。第 1 章（设计关键会议）将深刻剖析关键会议的概念——什么是关键会议，它的起源、重要性和设计过程的 5 项核心原则。第 2~6 章将分别通过一些支持理论和丰富例证具体探讨这 5 项核心原则的重要实践。第 7 章（直面沟通阻碍）将扼要地为读者展现关键会议潜在的问题，帮助读者克服关键会议中的 3 个主要阻碍。第 8 章（成就影响力时刻）梳理全书所有内容，为成功实现关键会议提供一些新的想法。

但这些还不是全部。本书的另一特色——设计指南，为读者提供了各种方法和建议，将本书的核心原则付诸实践——从而提高读者组织召开关键会议的质量。

在 VUCA 世界里，管理者最重要的工作是帮助企业和社会应对调试性挑战。我们希望本书能为你更好地设计和组织关键会议提供帮助——对企业的未来、你的职业未来甚至世界的未来来说，关键会议意义重大。

Moments of Impact

目　录

第1章

设计关键会议　　　　　　　　　　　　　　　　/ 1

用画笔锯木头　　　　　　　　　　　　　　　　/ 2

关键会议专家的教训　　　　　　　　　　　　　/ 4

设计的力量　　　　　　　　　　　　　　　　　/ 7

设计关键会议的 5 项核心原则　　　　　　　　　/ 10

核心原则 1　明确会议目的　　　　　　　　　　/ 11

核心原则 2　纳入多元视角　　　　　　　　　　/ 11

核心原则 3　构建会议议题　　　　　　　　　　/ 12

核心原则 4　营造会场环境　　　　　　　　　　/ 12

核心原则 5　创造参会体验　　　　　　　　　　/ 13

不同会议适合不同的情景　　　　　　　　　　　/ 15

第2章

明确会议目的　　　　　　　　　　　　　　　/ 19

关键做法 1　抓住时机　　　　　　　　　　　　/ 21

关键做法 2　选择一个目的　　　　　　　　　　/ 25

关键做法 3　以慢求快　　　　　　　　　　　　/ 37

第 3 章

纳入多元视角　　　　　　　　　　　　　　　　　**/ 42**

关键做法 1　组建一支"梦之队"　　　　　　　　/ 45

关键做法 2　搭建创造性合作的基础　　　　　　　/ 54

关键做法 3　激发受控的冲突　　　　　　　　　　/ 58

第 4 章

构建会议议题　　　　　　　　　　　　　　　　**/ 65**

关键做法 1　拓展思维模式　　　　　　　　　　　/ 69

关键做法 2　变换角度思考　　　　　　　　　　　/ 70

关键做法 3　选择少量的议题框架　　　　　　　　/ 71

第 5 章

营造会场环境　　　　　　　　　　　　　　　　**/ 86**

关键做法 1　布置会议空间　　　　　　　　　　　/ 88

关键做法 2　创造视觉效果　　　　　　　　　　　/ 94

关键做法 3　关注细节　　　　　　　　　　　　　/ 99

第 6 章

创造参会体验　　　　　　　　　　　　　　　　**/ 105**

关键做法 1　鼓励探索，而非灌输　　　　　　　　/ 109

关键做法 2　全身心投入　　　　　　　　　　　　/ 114

关键做法 3　创建叙事弧　　　　　　　　　　　　/ 121

第 7 章

直面阻碍 / 127

阻碍因素 1 公司政治 / 130

阻碍因素 2 急功近利 / 135

阻碍因素 3 过度自信 / 137

第 8 章

成就影响力时刻 / 149

设计关键会议，使之成为影响力时刻 / 153

关键会议创造希望 / 155

创造性调适战胜创造性破坏 / 157

为你的下一次关键会议做准备吧 / 157

日益精进：成就你的影响力时刻 / 159

关键会议设计指南 / 161

致谢 / 230

Moments of Impact

第1章
设计关键会议

你可能知道怎样组织召开一次看上去挺好的会议：制定清晰的会议目标；安排合理的会议时间；邀请一些能促成这些目标的参会人员；准备会议内容——无论是专题陈述，还是工作报告，都要把关键问题表达清楚；会议场地既要恰好能容纳所有参会人员，还要配备必要的设施、设备；同时，还要考虑议程的各种安排并明确职责。

大多数会议都采用这种基本的模式：常规会议、正式的董事会议、规划类会议等。这种模式固然不错，但当人们需要解决关键而又复杂的问题时，它就力所不及了。这时，我们需要一种更强有力的工具——关键会议。

用画笔锯木头

马赛洛·卡多佐是关键会议领域的资深专家。他是那图罗公司（Natura）负责企业发展与可持续性战略的副总裁。那图罗公司成立于1969 年，总部在巴西，是一家个人护理产品公司。它坚持经济发展与环境可持续发展并存的原则，现在已经成为南美最成功的公司之一。目前，这家公司的年收入达 30 亿美元，拥有一支超过百万名女性的直销队伍（这一点与雅芳和安利公司很相似），她们活跃在美洲、欧洲、大洋洲等至少 10 个国家和地区。

在那图罗公司，卡多佐的一项工作就是召集高管们开会，为公司面临的各种调试性挑战寻求解决办法。从与卡多佐的交谈中可以看出，他关于关键会议的洞见非常深刻。访谈最后他透露，最近的一次关键会议会并不成功，而且他知晓其中的原因。

那次会议上，那图罗公司的董事和执行委员们正开会讨论品牌价值与质量问题，这和公司的主要生产线紧密相关。品牌战略是一个复杂、系统、没有答案的难题，只凭分析是解决不了的。应对这种典型的调试性挑战需要召开精心设计的关键会议。

回忆起这次会议，卡多佐意识到他疏忽了两个细节。首先，这次活动安排在公司召开常务理事会的房间。其次，关于品牌的关键对话被安排在两场常规会议之间。

这两个疏忽使得参会人员陷入常规会议的模式中，经理们各自带着结论陈述自己的观点，而不是相互使用激发性问句相互探询。这样的方式也影响到董事会成员，他们陷入惯性的评判思维，寻找经理们陈述中的漏洞。

应该说，这次会议绝不是完全糟糕的，它只是错失了一次良机。这次会议没有产生所谓的影响力时刻（Moment of Impact）。"所希望的事情完全没有发生，"卡多佐这样认为，"我们只不过是开了一次例行的绩效评估会议，这不是关键会议。"

卡多佐熟知如何进行一次重要的关键会议，他在这方面很有经验。但这一次，他没能克服在那图罗公司和其他企业中占据主导的常规会议文化的影响。事后，他对此非常后悔。

从专业的角度分类，会议通常有 3 种类型：常规会议、头脑风暴会议、关键会议。每种会议类型适用于不同的情况，关键在于选择适合该情况的会议类型。

当调试性挑战出现的时候，及早清晰地意识到这一点很重要，然后就应规划和组织召开关键会议。当惯性思维不可避免地出现，并把你逐步推回更舒适但更低效的常规会议模式时，一定要准备好捍卫自己的立场。如果你做不到，那么这次会议的效果就是一如既往地敷衍了事罢了。这就好比你想把一块木头锯为两半，用的却是画笔，即使它是你能买到的最好的画笔，也是无济于事的。

关键会议专家的教训

你听说过皮埃尔·瓦克（Pierre Wack）吗？在过去的半个世纪中，他可是最有影响力的商界大师。这位法裔德国人是一位充满魅力的殿堂级人物。你不得不佩服他的好运气，他总是那个在合适的时间、合适的地点出现的合适的人。倘若在另一个时代，人们很难想象这样一位在办公室燃香寻求精神升华的信徒，竟然是一家石油企业的管理者。但瓦克生逢其时，他在1971—1981年间担任荷兰皇家壳牌公司（Royal Dutch Shell）战略规划团队的负责人，当时这个行业和它所处的时代瞬息万变，而他的团队则是一个传奇。

石油行业比其他行业更早面临VUCA世界的挑战。20世纪70年代早期，石油企业的管理者们疲于应付急剧波动的、不确定的、复杂的、模棱两可的现实问题——不可预测的跌宕起伏的石油价格。

石油价格对石油公司的规划和运营非常重要。它决定着勘探和开采的规模，决定着发展新资源的合理成本。新的海上石油钻机或横跨大陆的输油管道的规划和实施需要很多年，而在这期间，石油的价格很可能上涨或下跌一大半儿。

错误的预测轻易就会使石油公司损失数十亿美元。然而，大量经验告诉我们：没人能够准确预测石油的价格。事实上，没有一家公司能够掌控这些外部因素：经济形势、投资成本、消费者行为、新技术、调控变化、地区政治形势等。在20世纪五六十年代的大多数时间里，这些外部因素变化不大，所以商业规划可以平稳地进行。但到了20世纪60年代末期和70年代，情况发生了改变。

1971年，当皮埃尔·瓦克掌管公司战略规划的时候，传统的战略规划暴露出其局限性，壳牌的高层们常常为此焦头烂额。他们意识到常规的做法——尝试在不确定因素中分析解困的出路——不再发挥作用。可是，对于什么做法可以替代它，他们一无所知。

此时，瓦克也一筹莫展，但他是一个不落俗套的人，总是愿意尝试新事物。他曾经研究过赫尔曼·卡恩的著作，卡恩是一位优秀的美国军事规划家，斯坦利·库布里克执导的经典黑色喜剧《奇爱博士》中的奇爱博士就是以他为原型的。在冷战期间，卡恩指导军事规划者们如何"思考不能想象的事情"。为了防范热核战争，他采用情景规划（scenario planning）和其他战争游戏的技术预测苏联和其他国家的潜在行动。

瓦克同样主张情景规划——实际上，壳牌公司的其他人已经尝试过这种做法——把它作为传统方式的补充。瓦克的团队没有尝试预测石油价格的未来趋势（这是愚蠢的做法），他们针对价格暴涨暴跌的原因和规律设想了不同的具体情景，以此检验不同战略方案的稳健性。

尽管这种做法在理论上行得通，但瓦克的初步尝试以失败而告终。为此，他和团队耗时数月研究所有的关键问题，分析并整理出一套清楚的汇总报告，但他们的汇总报告引发了壳牌公司经理们的纷纷议论，进展并不顺利。

在日本休假期间，瓦克花了大量时间研究有效报告（或计划）与无效报告（或计划）之间的差别。由此得出的简单而又重要的结论，这对壳牌公司接下来的几十年都产生了决定性影响。

几年后，瓦克在《哈佛商业评论》上阐述了他的见解：

> 我意识到达到令人惊喜的成功是真正的挑战……当你展示了所有的可能性，无论你的表达多么流利，你的表格多么漂亮，你都不会轻而易举地得到想要的结果。只有当你能触及决

策者的心智模式，迫使他们质疑现有的业务运作模式背后的假设，引导他们改变和重组现实状况的内在模式，我们才会得到让人惊喜的成果。

换句话说，瓦克认识到他和团队不应花费更多精力去做那些漂亮的分析，而应更多地聚焦于参会人员的思维模式和他们的关注点。在一些令人不快的事实面前，人们很少改变自己的观点。相反，大多数人善于通过曲解数据来维持自己现有的思维模式。

瓦克认为，改变思维模式的唯一方法就是以参会者现有的知识和经验为基础，而不是尝试与他们争执。这一基本见解对瓦克及其团队的工作有很重要的意义。首先，他们通过深度访谈和其他技巧，设身处地去理解、去感受参会者的观点。其次，会上发言需要跳出罗列"事实"的框框，他们需要编故事，创造视觉效果以引起参会人员的共鸣，触发他们头脑中的模式识别功能和情感反应机制，而不仅仅是让他们大脑的逻辑分析功能发挥作用。

这之后，瓦克的情景规划会议总是以"传统智慧"的情景开场——讲述一个最能体现参会经理们对现有商业运作模式基本假设的小故事。瓦克对大家的假设表示尊重，承认许多假设是有效的。接下来，他通过从不同视角给大家作反馈，像照镜子一样，逐渐拓展经理们的视野。这样，瓦克逐渐改变了经理们的思维模式——他并不是想打破或取代他们固有的思维模式。他曾在一篇文章中把这种方法称为"温柔的视角重塑艺术"。

瓦克及其团队的这种方法对壳牌公司的发展产生了传奇般的影响。他们的工作帮助壳牌公司预测到 1973 年石油输出国组织的石油禁运和 1979 年石油价格的大幅度波动，起到了防患于未然的作用。得益于他们的工作，公司的管理者更有勇气坚持与其他公司不同的立场，当所有人都去购买油轮的时候，壳牌公司却在减少油轮的持有量。结果，壳牌公司实现了飞跃发展，从一家大型石油企业中的落后者一举成为这个时期同行业的领军者。瓦克和他的规划团队成了英雄，到现在为止，壳牌公司仍然在采用他们的方法。

人们津津乐道于瓦克把军事上的情景规划移植到商业上，但他真正的传奇之处有更深、更广的意义。我们认为，瓦克率先把关键会议的艺术作为一门专业并进行实践，改变了管理者们的思维模式，这比该方面现有的理论和实践还要早。认知科学、行为经济学、系统动力学、团队对话方法、数据可视化领域在过去 40 年里才得到发展。那时并没有这些理论，瓦克的观点和启发来自东方哲学、军事理论、彼得·德鲁克的著作并形成卓有成效的方法。

我们采访过的几位顶级战略家告诉我们，他们一度也有类似于瓦克的"啊哈"的顿悟时刻：他们认识到，他们真正的工作不是找到应对调试性挑战的正确答案，而是帮助人们形成看待问题的方法和解决问题的新思路。无论人们是否意识到这点，皮埃尔·瓦克都为当今的关键会议设计奠定了基础。

设计的力量

可以说，能源产业是 20 世纪 70 年代的标志性产业，今天取而代之的是高科技产业，而它需要更短的战略规划周期。如果说壳牌公司是 70 年代的标志性石油公司，那么我们这个时代的标志性技术公司非苹果公司莫属，它的崛起是商业史上最为人称道的颠覆性事件之一。

回溯到 90 年代中期，苹果公司还在为生存而挣扎。到 2012 年，它一度成为世界上最大的上市企业之一：自 1925 年以来，纽约证券交易所第 11 家市值最大的公司。这使得苹果公司加入包括通用电气、IBM、埃克森美孚和其他实力超强公司在内的阵营中。这些公司都拥有深受普通消费者欢迎的系列产品。

苹果公司辉煌成就的背后有很多原因，领导者重视"设计"是最重要的一个原因。近几年，斯蒂芬·乔布斯和他的同事们向世人证明了设计的力量。

设计给人的感觉有点儿神奇，但基本概念是非常明确的。设计就是解决问题的方法，致力于通过专业性的创造活动解决使用者的需求问题，这些需求经常是不明确的。伟大的设计就是巧妙地设计新的解决方案，使形式与内容天衣无缝地结合起来。正如奥利弗·温戴尔·荷马那句著名的引述所说，解决方案能做到"化繁为简"。

设计得当的产品、服务、建筑物，以及网站不仅看起来漂亮，而且性能很好，用户体验也不错——这是一种直觉，难以言表。赫尔曼·米勒家具公司（Herman Miller）推出的 Aeron 办公椅就能产生这样的效果，不仅使用者感觉很舒服，而且办公环境也因此灵动起来，这种感觉也能在米其林星级餐厅的晚餐中体验到。同样，在 Zappos 网上鞋店，为客户量身定制的贴心服务也让人产生这种感觉。伟大的设计带给我们惊艳的感受。我们没有预先的期望，一旦拥有，我们便欣然接受。

设计师凭借灵气与技艺设计出这些出色的方案，这一过程遵循一些核心的原则——其中，有些是硬性原则。这些原则包括：

▶ 对用户和用户需求形成深刻理解和共鸣；

▶ 通过多次思维发散，产生多元的创新灵感；

▶ 从快速迭代、简陋的方案原型中学习，根据用户和市场反馈不断改进方案；

▸ 首先在少数用户中验证方案的可行性，只有在证明方案的稳健性
后才开展规模生产。

虽然设计是一种严密的问题解决方法，但因为它经常尝试许多想法
的新组合，很多尝试结果都不会奏效，这会让人觉得成功有些随机。我
们感觉一团糟的设计，并不是因为设计者不讲规则，而是因为他们努力
解决的难题是混乱无序的。在解决方案的设计过程中强加太多结构性的
约束，反而会抑制创造力的产生。

简单地说，通过训练，设计师能够在充满调试性挑战的世界里驰骋。
拉里·基利，都柏林创新咨询公司（Doblin）的共同创办人，特别喜欢
这样的表述，设计就是从模糊到精确的艺术与科学。这门专业不仅仅有
益于创造新产品和新服务，实际上，它或许是斯蒂芬·乔布斯给我们上
的最生动的一节课：设计同样有益于新商业模式、服务体验和整个市场
生态系统的创造性建设。

当今，各个企业都借助设计的力量解决超越传统范畴的问题。正如
门洛帕克市学区（Menlo Park City School District）这样的公立学校系统，
那里的教师设身处地地从学生的角度出发，重新调整课堂教学，减轻学
习活动和课外活动的压力。通用电气采用设计方法使儿科扫描体验变成
精彩的丛林探险经历。网上的创新合作企业（如 Kickstarter 和 Quirky）
改变了企业家获得资金、设计产品和服务、进行市场推广的方式。甚至
美国军队现在也教授士兵设计原理，帮助他们在战场上的真实生死时刻
寻找出路。

"伟大的设计师，无论是在商业领域还是在艺术领域，都是伟大的
魔术师，"弗吉尼亚大学达登商学院研究战略和设计融合的教授珍妮·莱

德卡这样描述,"创造性想象的能力,能把现在不存在的未来现实的意象呈现出来。未来是如此逼真,好像它已经存在,这是设计的核心体现。"

在 VUCA 世界里,企业需要谋求新的方法以应对调试性挑战。他们需要学会适应模糊性,从更广阔的领域获得洞察力。他们需要不断地设计、再设计他们的方案,同时也要反复设计他们提出的问题。简而言之,他们要更像设计师那样,而不是机械师那样,制定企业的战略。

如何理解设计的力量? 最好的办法就是亲自体验,亲身实践。

设计关键会议的 5 项核心原则

让我们回到本章的开头部分。精心设计的关键会议应该涵盖组织常规会议的所有基本要素,而且还要更多。但"更多的要素"确切是指什么? 设计关键会议究竟是什么意思?

设计关键会议就是创造一个共享的体验时刻。在活动中,企业所面临的最紧迫的战略问题将从各个角度得到充分公开的对话。在对话中,你头脑中所有关于世界运作的设想和对世界及其变化的思考将会被验证和改变。在对话中,未来成功的蓝图得到探讨、检验并完善。在对话中,所有参会人员将进行更深入的大讨论。

下面的 5 项核心原则是我们设计关键会议过程中的主要组成部分。初看起来,它们就像认真组织常规会议的 5 个要素的升级版。但是,设计关键会议的 5 项核心原则具有更丰富的内涵。

核心原则 1
明确会议目的

一次认真组织的常规会议需要有明确的目标和在规定时间内可实现的合理预期结果。通常，这些在会议一开始就以列表形式着重展示出来。在会议结束时，参会人员对照列表，核实目标是否已经完成。

然而，一次精心设计的关键会议不仅需要有明确的会议目的，还需要让参会者有要一起做出改变的想法，关键会议能够促进这些改变的发生。调试性挑战很难（如果有的话）在一次会议中得到完全"解决"，所以参会人员需要明白在企业变革的大背景下，每次关键会议的目的是什么。从最高层次上说，召集关键会议只有 3 个原因：建立共同的理解、找到可供选择的解决方案、做出决策。每次关键会议都必须聚焦于这 3 个目的中的一个，而且是唯一的一个。

核心原则 2
纳入多元视角

一次认真组织的常规会议需要确定适合的参会人员，做好前期准备工作。这就意味着需要考虑哪些管理者、决策者和议题专家将参加会议。同时，也需要明确任何可能的讨论僵持点，如果需要，事先与参会人员沟通这些问题。

然而，一次精心设计的关键会议也需要更加深入挖掘每位参会人员和各个利益相关者的观点、价值观和关注点。它需要你能发现大家就关

键问题能够达成一致的观点和产生分歧的地方。它需要你认真思考在会议上必须纳入哪些群体的视角（而不仅仅是个人），如客户或员工，因为他们不可能出席这样的会议。最后，它需要你从企业内部各种不同的视角、体验和专长的交集部分出发，寻求创造价值的办法。

核心原则 3
构建会议议题

    一次认真组织的常规会议需要所有会议内容与会议目标高度相关，并且能够在会上得到清晰的交流。会议阅读材料和其他资料应该对议题达成共识或参会人员提出问题前的思考起到辅助作用。现场的展示活动应该展示清晰的结果并提供备选方案和重点推荐。

    一次精心设计的关键会议也需要设计好会议的内容和议题的框架，这个框架能够清楚地呈现组织所面临的调试性挑战的不同视角，包括各个部分与整体的相关性。这些框架能帮助参会人员在复杂现象中厘清头绪，从而促进洞察和共识的形成。好的框架设计能够使洞察更深刻，促进困难问题的解决。

核心原则 4
营造会场环境

    一次认真组织的常规会议需要考虑会议规模和会议性质，选择合适的会议场所，使参会人员有舒适的体验，为参会人员提供工作需要的所有设备、设施和工具材料。

然而，一次精心设计的关键会议需要对会场环境选择进行深思熟虑：从物理空间、手工艺品到美学考虑。房间的设置和座位安排都应该考虑参会人员交流的需要。食物和其他设施应该与会议的基调保持一致。这就像一场盛大的剧院演出，各个部分的运作应天衣无缝，浑然一体。

核心原则 5
创造参会体验

一次认真组织的常规会议需要遵循一套逻辑的议程安排，常规的做法是以一些情况介绍开场，以具体的实施步骤结束会议。每项日程都应明确这一环节的话题及其对目标的作用。在会议结束的时候，所有的参会人员都非常清楚他们下一步要做什么，为什么要这样做。

然而，一次精心设计的关键会议需要关注参会人员的情绪体验和心理体验。这些体验不仅是符合逻辑的，也是直觉的和充满活力的。会议能调动参会人员所有的能力和各种观点的爆发：逻辑思维和情绪感性、分析能力和创造能力。一次超棒的关键会议不仅仅是一场智力活动，还是一次令人振奋和难以忘怀的体验。

表 1-1 总结了精心组织的常规会议与精心设计的关键会议之间的一些重要区别。在随后的章节中，我们将具体说明如何进行一次精心设计的关键会议。

表 1-1 认真组织的常规会议与精心设计的关键会议的区别

一次认真组织的常规会议	一次精心设计的关键会议
陈述会议目标 清晰陈述会议的具体目标（通常逐条列出），强调接下来的具体实施步骤	**明确会议目的** 会议目的能被很好地理解，强调它是更大组织变革的一部分
确定参会人员 参会人员都是"合适"人选，重点在于他们能尽可能迅速地达成共识	**纳入多元视角** 不同领域、不同观点的多元视角产生价值
组织会议内容 全面、有序地组织相关的会议内容	**构建会议议题** 议题围绕未来的可能性和关键性选择展开
选择会场 会议地点适合会议规模和任务	**营造会场环境** 为参会人员及其对话营造舒适的环境
安排会议议程 议程安排符合逻辑，顺序合理	**创造参会体验** 会议应设计为一种能充分调动参会人员情绪和提升其分析能力的体验

不同会议适合不同的情景

图 1-1 显示了常规会议的 5 项关键要素。常规会议的特点就是会议目标明确，召开常规会议就像弓箭手瞄准靶心射箭一样。大多数运动都需要大量的肌肉记忆和重复性动作，射箭运动尤其如此。一名弓箭手的目标就是以几乎完全相同的方式，一遍又一遍做几乎同样的事情。当然，拉弓的时候，我们需要考虑风向和其他因素，但成功主要取决于聚精会神、不受干扰和始终试图重复过去的成功经验。

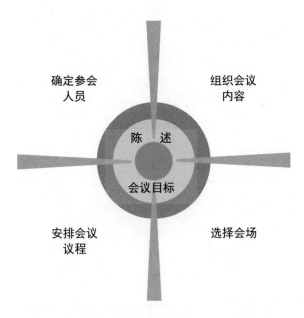

图 1-1　认真组织的常规会议：适合目标明确的场景

组织中有很多类似于弓箭手射箭的场景。大多数时间，企业里的许多人做着重复的工作，目的就是生产质量可靠的产品。同样，组织常规

会议就好比瞄准靶心射箭。我们的目标就是集中所有能量和资源瞄准
精确的目标，如一项营销计划或季度预算。对于大多数技术性难题来
说，常规会议就可以发挥作用。

　　除非事情发生了变化。比如，客户对你们提供的产品失去了兴趣；
或者，一项新技术的出现威胁到你所在的行业。这时候，企业会发现，
它所瞄准的目标在移动。对很多企业来说，即使常规会议不再发挥作用，
但他们很难停止使用这种曾经带来成功的方式。

　　当调试性挑战出现的时候，很难清晰定位"靶心"（目标）在哪里，
这时我们需要不一样的做法帮助我们找到出路。我们需要"指南针"（目
的）给予我们正确的指引（见图 1-2 ）。

图 1-2　精心设计的关键会议：适合解决路径不清晰的场景

当人们面对的是调试性挑战时，人际互动会发挥巨大作用。真正的

战略出现在人们之间的对话中，而不是出现在那些冷冰冰的电子表格和软件里。图 1-2 展示的 5 项核心原则能帮助我们设计出卓有成效的关键会议。

这 5 项原则也可以被视为设计关键会议的 5 个步骤。虽然我们有次序地列出了这 5 项原则，但是读者并不需要线性地完成一步再进入下一步。在展开设计活动的时候，读者很可能在这 5 个步骤中来回折返（见图 1-3 ）。构建会议议题可能会改变你最初关于参会人员的想法，创造参会体验也许会让你重新考虑会场的布置。这 5 项原则需要灵活运用，而不是机械地套用。它们是我们的助手，而不是束缚我们的紧身衣。

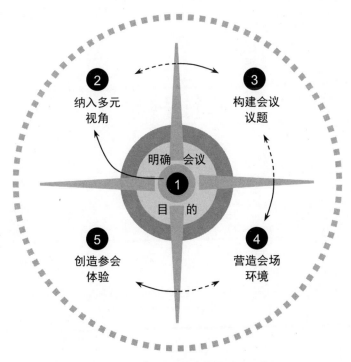

图 1-3　设计关键会议的核心原则

掌握了设计关键会议的基本概念之后，你可以不断打磨自己的会议设计，以求达到最佳效果。这样做好极了，我们希望你通过这个方法，不断修炼自己在设计和组织关键会议方面的能力。我们相信，每次关键会议都会帮助你成为这方面的大师。

Moments of Impact

第 2 章
明确会议目的

电影《点球成金》是根据迈克尔·刘易斯的同名纪实著作《魔球：逆境中制胜的智慧》改编而成的。这部电影中有一幕伟大的场景。比利·比恩（由布拉德·皮特饰演）是美国职棒大联盟奥克兰运动者队的总经理。正值 1991 年的休赛期，对于球队而言，首要任务是在下个赛季取得好成绩。球队在本赛季赢得了 102 场胜利，只差一点儿就进入季后赛。但现在球队面临非常严重的问题：球队中 3 个最有价值的球员被其他球队以高薪挖了墙脚。

这时，一群典型的旧式老派球探——由真实的球探扮演——围坐在一张会议桌旁，相互交流，探讨如何替代 3 位球员。当听到那些已被反复讨论过许多次的重复提议后，比恩实在忍无可忍了。

比恩：伙计们，停。你们正在谈论的问题听起来与往常的问题并无不同，但事实并非如此。

格雷迪·富森（球探）：我们正在解决这个问题。

比恩：并非如你所言，你们甚至没有看到问题。

富森：我们不仅对我们现在所面临的问题有清晰的理解，而且每个坐在这个屋子的人以前面临过无数次与此相似的问题。

比恩：好，停。我们试图解决的问题是我们所面对的竞争不是一场公平的竞争，而是富球队与穷球队的竞争，毫无疑问，穷球队就是我们。现在我们已经被肢解，我们是富者的器官捐献者，波士顿红袜队拿走了我们的双肾，纽约扬基队拿走了我们的心脏。

比恩正努力与他的同事进行关键会议。他们谈论的似乎是同一件事：建立一支下赛季能取得成功的球队。事实上，他们谈论的并非同一件事。比恩认为，采用与富球队雷同的球星战略，却比富球队资源少，这样做不可能击败富球队，但球探们并不认同。正如富森所指出的："没必要惊慌失措，150 多年来都用这种方法解决问题。做好该做的事情就能解决问题。"

球探们认为问题仅仅是一个技术性挑战，已有的行之有效的方法就能解决。与之相反，比恩认为问题是调试性挑战，要用创造性的方法来解决。比恩的观点是正确的。对于找到一个非常规的方法以充实球队阵容而言，比恩的方法是唯一的希望。但对球探们来说，他们对这种问题如此熟悉，很难从不同的视角重新思考它。当真正需要借助指南针找到正确出路时，他们却继续使用老套路，用一成不变的箭去射悄然变化的靶心。

但仅仅一次关键会议并不能解决调试性挑战。在比恩的案例中，他经历了一个探索与发现的过程，通过大量的活动与讨论，获得一个全新的战略。最终，比恩克服了球探们的重重阻力，通过先进的大数据技术发现那些被其他球队忽略的"隐藏的宝石"——那些被低估的球员。比恩成功地以微不足道的工资总额建立了一支成功的球队，这彻底地改变了棒球球员市场。

关键做法 1
抓住时机

设想你所在的组织正面临棘手的调试性挑战，可能是雄心勃勃的新竞争者正蚕食公司的市场份额，也可能是出现了诱人却复杂的增长机会。

混沌是调适性挑战的特征，许多组织采取熟知的高度结构化的方法

来克服它们。但类似于比恩所面临的挑战，是不可能通过甘特图或六西格玛方法解决的。它们要求使用创造性的问题解决方法，类似于设计师们长期使用的方法，这种方法可以从模糊不清的情况中摸索出清晰的结果。

一旦确认组织正面临调试性挑战，通常的做法是沿着一条探索、讨论与行动的曲折道路，最终形成决策和结果。较大的战略性探索与发现过程可能持续几个月，甚至几年。在实施过程中，它由许多不同的互动与接触点组成，包括非正式讨论、深入研究、正式评估会议、工作组会议和最重要的关键会议。

虽然探索与发现过程可能比其他业务过程缺乏条理性，但是并不缺乏规律性。最简化的创造性的问题解决方法遵循发散/收敛模式（见图2-1）。对于调试性挑战，一开始用宽阔的视角进行探究，然后随着时间推移，逐渐地转移到识别、过滤那些可能的解决方案上来。

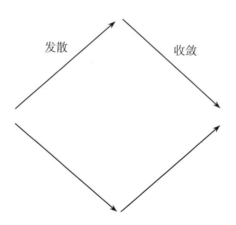

发散　　　收敛

图 2-1　创造性的问题解决方法遵循发散/收敛模式

例如，在市场竞争中你所在的公司被竞争对手甩到后面，此时公司指定了一个工作组以找出需要解决的问题。开始时，工作组可能给这个问题一个非常狭义的技术性的界定，类似于如何在脸书（Facebook）和推特（Twitter）上发布一个更好的广告。但随着调查的深入，大家认识到事情远比当初设想的复杂。公司将以何种方式与顾客交流？与顾客交流时，公司愿意开放到什么程度，能开放到什么程度？这些问题会引导工作组仔细思考公司的品牌战略。那么，什么是决定公司未来增长最关键的细分市场的问题也就浮出水面。渐渐地，你一定能找到答案。

最终，整个过程看起来类似于包含了若干次发散和收敛的过程（见图 2-2）。工作组在不同的点扩展或缩小研究范围，并随着时间推移逐渐收敛。因为该路径上的每个循环都由新的见解驱动，所以很难精确预测何时发散和何时收敛。

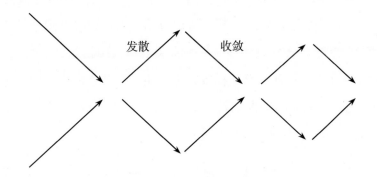

图 2-2　创造性的问题解决方法的发散/收敛循环

这一过程不可避免地包含了人们情绪的起伏。人们对获得突破性认识或赢得新支持者感到兴奋，当大家陷入僵局、遇到同事的阻挠和其他重大意外时，人们会感到沮丧。这个过程存在无限种可能性，无论哪种情形，人们都有类似于乘坐过山车般的情绪变化。

对创造性的研究结果表明：在创造性活动过程中，情绪起伏循环是必然存在的（见图 2-3）。情绪能够被管理，但不能被消除，你也不想消

除它们。与过山车类似，这条曲线给人一种充满能量与动力的感觉。如果没有这些情绪起落变化，创新的洞见就很难产生。

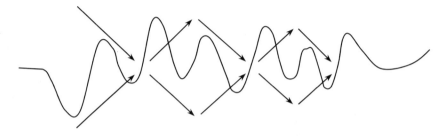

图 2-3　情绪的起伏过程

让我们看看关键会议的作用吧。在探索发现的过程中，关键会议在整个变革过程中起到中枢的作用。它们确保团队对调试性挑战有更清晰、更一致的认识，同时，帮助管理层朝共同意愿和共同理解的更深层次前进。虽然调试性挑战很少在一次关键会议中得到"解决"，但是，一次精心设计的关键会议能释放无穷的能量并产生前进的驱动力（见图2-4）。这些影响力时刻推动着团队前进，通常它们就是那些产生新观点并达成共识的时刻。

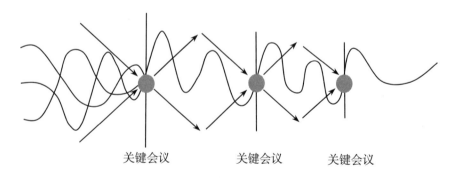

关键会议　　　　关键会议　　　　关键会议

图 2-4　作为关键时刻的关键会议

关键做法 2
选择一个目的

安娜·米德是丰田金融服务公司（TFS）的战略规划经理，丰田金融服务公司在顾客购买汉兰达或普瑞斯小汽车时为顾客提供融资服务。她的一部分重要工作是组织常规会议和关键会议。几年前，公司管理者感到公司在毫无价值的会议上浪费了太多时间。于是，公司成立了一个专门负责研究如何改善这种状况的工作组。

工作组提出了一个改进办法，设计了会上发言者的一页纸申请表。申请表的上方留出一大块空白，便于发言申请者写下发言的目的。申请者需要从以下 3 项中选择一项，只能选择一项。

- □ 提供信息，供大家参考。
- □ 寻求指导或反馈。
- □ 做出决策。

"我们遭到了多方阻拦，人们希望与高层管理者在会上对话时达到多个目的，"曾在改进项目实施初期协助执行的米德说，"我们不得不力劝人们只能挑选一项，有些人总是认为每次会议必须做出决策，但事实并非如此。"

最终，这项小的改进措施使得发言申请者清楚自己每次会议上与其他与会者的互动交流需求，同时也帮助公司管理层了解发言申请者的期待。TFS 高管们参加的会议变得非常聚焦和高效。"申请表中只能有一个选择，这种做法带来巨大的影响，"米德说，"它将个人的需求清晰地表现出来。"

上面的 3 个备选方案几乎与关键会议中使用的方法完全相同。虽然有无数个理由让人们聚在一起，召开关键会议，但是关键会议的目的可以分为 3 类：建立理解、形成备选方案、做出决策（见图 2-5）。任何能设想到的关键会议都可以归入其中的一类，并且正如 TFS 所发现的，一次精心设计的关键会议必须集中于这 3 个目的中的一个。

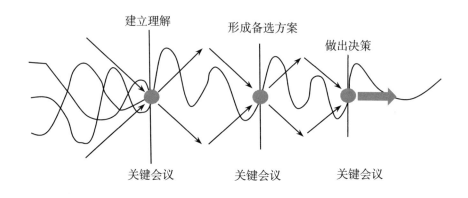

图 2-5　3 类关键会议

选择正确的会议目的

关键会议是由不同观点、不同情感的人的现场互动构成的，因此根本无法准确预测其结果。设计关键会议时，应首先明确所希望的会议结果的类型，而不是会议结果的具体内容。

第一个应该考虑的问题是应该设计何种类型的关键会议。如果对所面临的问题知之甚少或对问题认识存在完全相反的观点，那么，我们需要设计一次建立理解类型的会议。如果已经获得了充分的知识，但是感觉做什么都是白费劲时，就应该设计一次形成备选方案类型的会议。只有上述两种沟通都做好了，我们才考虑设计一次做出决策类型的会议。

一些参会人员很可能会怀着良好的愿望，希望在一次会议上实现各种目的或提前完成那些还没准备好的目的。绝不能这么做！两者都会使关键会议陷入失败的泥潭。尤其是将每次会议都作为做出决策类型的会议，会给参与关键会议的团队带来巨大的压力，在团队没有准备好或缺乏决策授权时，这种压力尤为突出。

当然，实际召开关键会议时也会有些不同类型的交叉。建立理解的关键会议结束前可能产生一些备选方案。形成备选方案的关键会议中，开始时会有增进共同理解的内容，结束前会对各个方案进行非正式投票。这些组合都是可以的，但是，你绝不能让参会人员分不清楚他们正在参加的关键会议的主要类型。

建立理解的关键会议：提出清晰的挑战

建立理解是一切的开始，是所有解决调试性挑战的探索过程的基础。除非对公司面临的战略性难题提出新颖、合理的见解，否则很难在形成备选方案和做出决策这两个阶段有所作为。

建立理解是一项困难的工作。因为调试性挑战是混乱和开放的，要弄清楚如何应对它是非常困难的。如果人们在缺乏清晰目标的情况下召开会议，研究如何应对调试性挑战，这种做法看起来很刺激，也会出现很多很棒的想法，但这不算是真正意义上的关键会议，这些好想法并不能推动真正的改变。虽然这种做法可能为外出研讨会或专业发展会议提供经验，但它不是关键会议。建立理解的关键会议也需要有清晰的挑战目标。

尽管建立理解的关键会议从本质上是探索性的，但是最后取得实质性的结果仍然是很关键的。与其提出一般性的问题让团队兜圈子讨论，不如干脆给出挑战性难题让团队竭尽全力去解决。

假设你是一家大型出版机构的高层管理人员，正绞尽脑汁应对图书印刷、发行和销售等情况的巨变。随着电子书的普及，你所钟爱的书店正在一家接一家地倒闭。亚马逊（Amazon），你们公司最大和增长最快的销售渠道已经决定出版它自己的图书，从而成为你的竞争对手。公司的一些畅销书作者也开始自己出版图书，直接销售给读者。简而言之，你的公司正处于典型的产业转型中，这种转型有着高不确定性和高风险性的特点。

你负责组织为期一天的关于未来 3 年市场发展的关键会议，几十个管理者将出席会议。尽管这些管理者对市场变化非常熟悉，但是考虑到他们周围充斥着高度嘈杂和混乱的信息，你认为非常有必要在组织形成备选方案的关键会议之前，先举行一次建立理解的关键会议。

一开始，你对这个备受关注的任务感到非常兴奋。然而当会期临近，你开始对这次关键会议能否成功感到焦虑不安。如此多的问题和议题必须被考虑，你所进行的每个访谈或所阅读的每个研究报告似乎暴露出更多的问题。你仅仅有一天的时间来挖掘这些高级管理者的最好的想法，同时他们也期望你确实利用好他们宝贵的时间。

做了些前期调研工作之后，你需要明确阐述这次会议目的，从下面 4 个会议目的中，你选择哪个呢？

▶ 方案 1（聚焦在商业目标）：在变化的环境中实现业务增长和盈利目标。出版界正经历全产业链的巨大变化：从图书版权获取、生产到图书的发行、销售与阅读。在本次会议中，将讨论在持续不确定性增长和变化的环境下如何在细分市场实现既定目标。

▶ 方案 2（聚焦在行业大趋势）：未来的图书出版是怎样的？图书和阅读世界正经历巨大变化。在本次会议中，将讨论能够改变现在出版业发展的一系列趋势，包括让人惊奇的新技术、消费者偏好与行为的剧烈变化，以及新兴的竞争者。

▶ 方案 3（聚焦在商业模式）：出版业最有前途的商业新模式是什么？出版业存在已久的商业模式正承受着强大的压力，而新的媒体平台不断提供令人兴奋的机会。在本次会议中，展望一些能在出版业出现的商业新模式：从新进入者及行业内的企业两个方面看。

▶ 方案 4（聚焦在读者的行为）：人们在时间有限而选择无限的情况下如何阅读？虽然读者依然受到一天只有 24 小时的限制，但是读者可以选择的媒体越来越多。在本次会议中，我们将"深入挖掘"目前的社会和消费趋势，形成关于未来几年读者行为发展的假设。

上述 4 个方案都非常令人感兴趣，但你只能从中挑选一个。让我们来看看它们各自的利弊。

方案 1 要求参会人员"跟着钱走"，且把注意力集中在利润与增长上。这听起来很诱人，但这种会议主题过于狭窄。正如比利·比恩的棒球球探们一样，这种问题阐述只能获得普通的想法。虽然方案 1 提供了相当强的业务重点，但是不可能激发更多的创造性思考。

方案 2 的主题是"图书出版业的未来"，是最宽泛的命题。乍看起来，这个方案好像是创造性的。但只用一天时间研究所有的趋势而无一个清晰主题，这样做无法得到有益的结果；反之，毫无目的的讨论过后，参会人员又会简单地回到自己的"实际工作"中。我们发现，这类议题的会议偶尔也能产生好的结果，前提是会议是在一位具备非凡、快速、实时、综合能力超强的资深关键会议设计高手的主导下进行的。这种成功的可能性很低，目标显然定得太高了。

方案 3 和方案 4 相对来说好得多，因为它们都提出了一个重点突出和目标明确的挑战，需要创造性和协同性的解决问题的能力。哪个方案更好？因为不了解具体情况，所以很难判断。但这也许并不重要，因为解决这两个挑战中的任何一个都要求参会人员仔细思考另一个。如果想创造出版业的商业新模式，那么同样需要理解读者行为及偏好的变化趋势。

再看看方案 1 和方案 2，并努力设想在一天会议结束之后能得到什么结果。不太容易得到什么实质的结果，是吧？现在看看方案 3 和方案 4，每个都提供了一个实实在在的落脚点：探索明确的新思路或检验一些假设。

对于任何建立理解的关键会议，并非只有一条"正确的"途径去定义其目的。关键是提出一个清楚的需要解决的挑战，这既让会议的对话有扎实的基础，又拓展了参会者的思路。参会人员在离开会场时，能够理解问题的实质，并验证了一系列的假设，制订出接下来要深入调研的计划安排，以及下一步行动指南。

形成备选方案的关键会议：将"问题"转换成清晰的方案

一旦大家建立了共同的理解，就要考虑组织一次形成备选方案的关键会议。行动导向的管理者总是迫不及待地多做事少说话。把问题转换成具体的备选方案时，通常能够释放出大量的团队能量。

"创建新的战略可能性，特别是全新的方式，是企业中最根本的创新行为。"多伦多大学罗特曼管理学院罗杰·马丁和宝洁公司前 CEO 阿兰·乔治·雷富礼曾这样说过。但人们创新的方式不同，效果也大不同。一种方式就是直接问参会者："对于社交网络我们应该做些什么？"另一种方式则是让这个团队搭建一个"如何发挥社交网络的威力"的模型并进行测试。

形成备选方案的关键会议遵循典型的"漏斗"设计模式，从产生粗略的想法到对它们进行优选排序以评估和测试最佳选项。评估过程需要对各类观察结果作出解读——从社会和市场趋势到基层运营的知识——这需要严密的分析与创造性的综合能力。

许多人以为"设计"就是把大量的想法分别写在便利贴、贴在墙上。但这是设计工作的一小部分，而且并不是最重要的，更多的时间应该被用来评价和挑选最具发展前景的想法上，这个环节需要批判性地评审这些想法，从各种角度对新想法进行挑战。

比尔·巴克思顿，微软公司首席研究员，在《描绘用户体验》（*Sketching User Experiences*）一书中，对草图和原型进行了基本的区分。草图是思路的描述，用来探索可能性、提出问题和激发大家的反应。原型是更详细的模型，用来描述、挑选和测试可能的解决方案。

这些设计概念也被应用到关键会议的设计中。在形成备选方案的关键会议的前期，团队应该草拟出战略可能性的广泛思路，在后期应该建立少量更具体的原型。虽然可能会在这两种模式之间来回切换，但是更多的时间应该用在建立原型上，而不是用在勾勒草图上。

在会议中，确保参会人员的工作详略得当是非常关键的。在勾勒草图阶段，如果在具体细节上陷入太深，就可能拒绝一些非常棒的想法；在建立原型阶段，如果没有研究足够多的细节，在实施过程中就会遇到很多问题。

形成备选方案的关键会议的目标是，使参会人员在描绘令人鼓舞的未来成功方案与测试其在真实世界里如何实现之间反复切换，并在更高层次上进行具体化。通过几次迭代就可以很好地完成这项工作，然后就会发生很棒的事情。

形成备选方案的关键会议：丰田金融服务公司案例

还记得丰田金融服务公司（TFS）和它那种使会议更有效率的简单方式吗？2012年，丰田金融服务公司正面临着深深的困境。行业剧烈变化和市场激烈竞争威胁着公司74亿美元的收入及15亿美元的利润。此时，中老年消费者的汽车使用期比以前延长了。数量惊人的年轻司机开始选择共享汽车服务和优步公司（Uber）提供的按需出租车服务等。同时，购买者要求更好的贷款条件、融资方案和移动支付系统。

丰田金融服务公司在建立共同理解方面不存在问题。公司完全清楚市场中发生的一切变化，他们只是不确定应对此采取何种策略。

公司CEO乔治·博斯特不想眼睁睁地看着TFS的利润萎缩。"我认为我们需要调动起员工的战斗热情，"博斯特说，"我们需要关注我们的每个流程、工序和产品。为使我们的利润持续增长，我们需要完全颠覆TFS的商业模式并实现转型。否则，我们就会被竞争对手远远地抛在后面。"

博斯特授权公司负责战略规划的副总裁安·拜比设计了一次为期两天半的关键会议，55位来自公司不同业务部门、职能部门和地区的高级管理者参加了这次关键会议。博斯特和拜比为这次关键会议设定了很高的目标。他们要求会议是协作性的和积极参与的，并且紧紧围绕当前的业务现实：在激励颠覆性的新商业构思的同时，确定削减成本的方案。最终，会议需要敲定能立即实施的可信方案，而不仅仅是一些棒极了的想法。"我不想我们待在30 000英尺的高空，"博斯特说，"我们需要提出方案并清晰地知道如何去实现它。"

为了增加会议条理性和引入外部观点，拜比邀请了佩吉尔参会，他是商业模式咨询公司的CEO，该公司出版了《新时代商业模式》一书。佩吉尔用商业模式画布来组织大家形成备选方案。

会议开始时，佩吉尔要求参会人员用商业模式画布描述 TFS 现在的商业模式，该商业模式画布是一种易于理解的直观图，突出强调可持续商业模式的 9 个部分：价值定位、客户细分、收入、客户关系、渠道、关键活动、关键资源、关键合作伙伴和成本构成（见图 2-6）。尽管会议期间有一些质疑的声音（"我们已经知道我们的业务"），但参会人员对上述重要事项表达了迥然不同的观点。

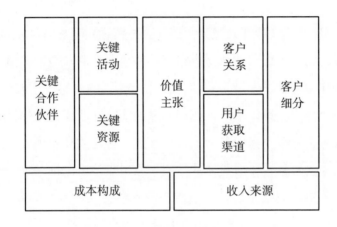

图 2-6　商业模式画布

（来源：BusinessModelGeneration.com。）

"谁是我们的顾客？在这个基本问题上，每个人听到很多不同的观点，这对参会人员产生了强烈影响，"工作团队中负责人力资源和技术的副总裁朱莉娅·沃达回忆说，"会议的开放性允许我们更深入地讨论我们究竟在扮演什么角色，我们的出路在哪里。"

会议开始前两周，拜比和佩吉尔要求参会人员提交他们关于如何推动公司业务发展的建议。会议期间，他们把得到的 60 个建议张贴在展示版上，并划分为 3 个主题：持续增长机会、成本削减机会、大胆及颠覆性的思路。参会人员非常失望地看到他们所提出的建议有 80% 符合第

一类和第二类。此时此刻，他们更应重视颠覆性的思考：究竟什么才能使公司业务发生天翻地覆的变化，而且是以一种良性的方式？

最终，工作团队提出了 4 个方案供 TFS 公司选择。一个是改善公司的保险提供方式，它是增量式的。另 3 个方案是革命性的：如果 TFS 成为消费者选择的融资品牌，将会怎样？如果 TFS 削减一半的成本，将会怎样？如果 TFS 给经销商提供令其惊喜的全新产品与服务，又将会怎样？

在小组讨论时，参会人员为上述 4 个方案设定了更具体的商业模式。他们积极讨论每个细节并草拟出自己的建议。然后，他们并没有像往常一样用 PPT 展示的方式来获得大家对自己建议的支持，而是通过表演的形式来展示结果。具体来说，他们通过扮演新商业模式中的消费者、经销商和公司员工来为其他参会人员"叙述"各自的商业模式。这个活动将那些抽象的思路转化成具体的方案，通过表演生动地呈现出来。

每个故事表演结束后，佩吉尔都会问参会人员两个问题："你喜欢这个故事什么？""这个方案还不能奏效的原因会是什么？"然后，参会人员重新组合成不同的小组，对每个方案进行更详细的研究。同时，他们也剖析 TFS 现有商业模式的缺陷并明确了每种可能性的假设与限制条件：不同的战略定位要想获得成功，需要具备哪些条件？TFS 的哪些事情需要停下来？

这种研究新方案的方法不同于这些高级管理者以往的经历。"人们很兴奋并努力找出对方建议的缺陷，"TFS 的首席财务官克里斯·巴林杰说，"这种情形就像房间里有一个飞轮，每个人都踢一脚。他们知道飞轮转动的方向，他们想让它转得更快。"

"很多不错的想法被翻来覆去地讨论，你总是无法确定它们之后是否能被采纳，"巴林杰补充说，"这次，在我们离开前，我们把各种想法具体化并知道我们在今后的工作中如何实施它们。从某种意义上说，我们从不缺少想做这些事情的人。我以前从来没有过这样的经历。"

为方案找到（创造出）形象化的结构

一开始，大多数参会人员就能感觉到他们的关键会议是不是一次精心设计的活动。但会议结束后，他们也说不清楚为什么这次会议进行得如此顺利（或不顺利）。在 TFS 的关键会议案例中，至少有 3 个特殊的因素使其获得成功。

第一，TFS 的做法要求参会人员讨论所有可能的方案。在绝大多数的情况下，公司反复讨论的都是不够完善的构想。像"我们应该收购 X 公司"或"我们应该在中国地区的业务上获得增长"这样的陈述听起来好像一些成熟的机会，尤其是在借用大量数据作为陈述的依据时。但除非这些构想已经从各个角度系统地研究了具体细节，否则它们更像碎片化的想法，而非完善的战略方案。在 TFS 的关键会议中，由 9 个要素构成的商业模式画布确保参会人员系统地研究他们所提议的商业模式的所有重要方面。

第二，TFS 的做法专注于关键假设的讨论，而非个人的立场。这一点很微妙却很关键。如果我们参加的是一个关于是否收购 X 公司的关键会议，沟通希望的结果是"是"或"不是"，那么许多参会人员会迅速表明立场，然后选择最佳的数据支持他们的立场。但如果关键会议是关于如何收购 X 公司的每个备选方案的细节讨论，通常会得到不同的反馈。

这种做法要求参会人员合作解决问题，而不是坚持各自的立场。它要求参会人员明确并研究每个备选方案背后的重要假设：X 公司的文化和我们公司的文化相容吗？如果不相容，它和我们的区别在哪里？我们又会怎么做？

第三，TFS 的做法采用了易于理解的形象化方式来提出方案：商业模式画布，这个形象化的结构让参会人员积极参与沟通。关于这一点，我们将在第 5 章"营造会场环境"中详细说明。

TFS 所使用的方法只是进行形成备选方案类关键会议的一种方式，尤其适用于开发新商业模式。罗杰·马丁与艾伦·乔治·雷富礼在他们最近合作出版的一本书中设计了一种通用方法，用来开发与检验备选方案。他们的方法基于一系列的递进式问题，能用于多领域的战略分析。针对下面的 5 个问题，任何战略方案都应给出一系列清晰和相互联系的答案：

1. 我们渴望获得的成果是什么？

2. 我们的主要战场将是哪里？（或者：谁是我们要服务的客户？）

3. 我们如何获得成功？（或者：我们如何向细分市场交付我们独特的价值主张？）

4. 我们必须具备什么能力？

5. 我们必须具备什么管理体系？

无论你选择何种做法和工具，重要的是要发现或创造一种既灵活又严谨的体系以促使参会人员研究全部方案，关注于讨论每个方案背后的关键假设，使方案形象化。任何达到上述 3 个目标的方法都能实现一次令人鼓舞和高效的**形成备选方案的关键会议**。

做出决策的关键会议：常常设计不足

让我们看看第三类关键会议。之前，我们提到过做出决策的关键会议很少被设计成创造性与协作性的解决问题的会议，精心设计的决策类关键会议是不常见的。

为什么会这样？最明显的答案是公司里缺乏民主。即使最包容的管理者，也不情愿采取广泛透明和协作性方法对最大的战略问题进行决策。绝大多数组织，无论大小、赢利与否，其关键决策总是由高层管理者及其信任的少数几个核心人员作出的，而非那一屋子参加关键会议的人。

当然，也有很多人聚到一起共同做出决策的时候，如董事会会议、管理层会议等。但这些会议很少被认为是我们所定义的真正的关键会议。通常，上述会议以两种形式展开："民意测验"或"橡皮图章"。在民意测验型会议中，一群没有决策权的人被要求对某些重要问题发表评论，然后却由占少数的另一群人作出真正的决定。橡皮图章型会议只是履行一个作出决定的程序而已，实际上这个决定已经由出席会议的最权威人士及与其联系最紧密的几个成员"预先决定"好了，其他人就是去捧个场而已。

令人欣慰的是，如果你很擅长组织建立理解的关键会议和形成备选方案的关键会议，那么组织做出决策的关键会议将变得很容易。完成前两个关键会议之后，最后的决策就是水到渠成。即使多数人可能没有参与最终的决策，但如果他们在之前的几次关键会议中有充分的表达，他们就已经对决策产生了真正的影响。

关键做法 3
以慢求快

"创造性破坏"是一切充满活力的现代经济的核心力量。这是一个创新性企业不断替代不适应市场竞争企业的过程——1942 年，它第一次由政治经济学家约瑟夫·熊彼特提出。熊彼特发现，那些避免被"创造性破坏"所淘汰的企业，需要在开发利用已知认识和研究新知识领域

之间进行平衡：为实现今天的目标而投资，还是为未来而投资。

对于任何组织而言，正确的平衡都取决于具体情况。有些市场如高科技市场需要更多的探索活动。不过，在我们所处的时代，有两件事是确定的。第一，我们依然雇用和奖励人们开发和利用已知的知识（换句话说，人们在解决技术性挑战）。第二，VUCA 世界正把不断增加的调试性挑战摆到我们面前，这需要更多的探索方法和更多知道如何使用这些探索方法的人。

萨拉·贝克曼的工作是解决这种失衡问题。她在加利福尼亚大学伯克利分校的哈斯商学院教授一门核心学位课程——发现问题和解决问题。该课程是当代商业教育中帮助学生开发多领域技能，从而让学生拥有应对技术性挑战与调试性挑战的能力和信心。

2010 年秋季，为了更好地了解学生的学习风格，贝克曼借助一套成熟的工具（库伯学习风格量表）调查了她的 243 位学生。她的发现符合任何从事 MBA 教育工作者的认识，结果并不意外：绝大多数学生属于聚合思维类学习风格，这是一种在迅速获得结论的同时强调分析能力和规范逻辑性的学习风格。

调试性挑战要求人们高度容忍模糊性。但当领导者与管理者沉浸在聚合学习风格中时，往往无法容忍模糊性。他们周围无时无刻不在发生着变化，在激烈的市场竞争中反应时间的长短将直接导致成功或失败。况且在经过多年激进的成本控制之后，许多管理者承担了太多职责，他们没有太多时间进行思考。他们的日常工作充满了各种干扰，如低效的会议与太多的官僚作风，这些都会阻碍他们采取针对性的行动。

最终，没有足够耐心解决波动性、不确定性、复杂性和模糊性的公司将在迟早席卷大多数公司的"创造性破坏"的强劲势头下甘拜下风。奥克兰运动者队的球探们能够采用他们想到的所有传统的球员招募战略，但除非他们费点儿心思想出一个创造性的解决方案，否则，富有的纽约扬基队还是随时有可能干掉他们。

行动前"充分发酵"

在关键会议准备期间，参会人员常常强烈要求采用不太现实但能更快达成共识和做出决策的议事日程，这种情况司空见惯。但人们需要时间和空间来应对调试性挑战的错综复杂的状态，所以这就成了关键会议中的一个大问题。

20 世纪 90 年代后期，商业世界剧烈变化，我们为一家大型金融服务公司设计并组织了一次建立理解的关键会议。新兴的互联网经济正改变美国人的投资行为，突然间，那些曾经不知道股票与债券区别的人开始在网络上进行短线交易。大笔的资金，包括美国人数百万美元的退休基金，流入短线交易。

在远离硅谷的公司总部，管理者认为他们需要了解互联网经济未来几年的发展趋势。于是，项目团队设计了一次为期 3 天的"学习之旅"：开展实地考察，以便更好地研究新思路与新环境。行程包括参观十多个位于旧金山湾区新经济热点的公司，如谷歌与雅虎这样新创立不久但充满成功希望的公司。

经过在互联网经济中心 3 天的彻底洗礼之后，团队又安排了一天时间进行关键会议。

在准备期间，一些参会人员一直强烈要求关键会议的日程安排趋向实际行动，希望能按照形成备选方案的关键会议或做出决策的关键会议的做法来安排日程。但在结束 3 天紧张的学习之旅后，团队获取的大量新信息让大家一时无从下手。他们需要时间将这次学习之旅中的一些重要认识提炼出来。

在为期一天的建立理解的关键会议中，团队成员达成了两个重要共识：互联网经济是真实存在的，并且公司需要更积极地参与其中；互联网经济的投资已进入"泡沫"阶段，市场调整不可避免。现在回顾起来，我们会觉得这是非常清楚的事实，但当时这两者是相互矛盾的。能达成以上共识，这次关键会议是一次巨大的成功。

在接下来的几个月里，这两个重要的观点成为接下来几次关键会议的基础，这些关键会议推动了公司作出一些明智决策与行动。尤其是在互联网投资者热情膨胀的 1999 年和 2000 年，公司管理者抵制住了大幅增加投资与增加人员的巨大诱惑。最终，当 2001 年互联网泡沫破裂的时候，他们没有像许多竞争对手那样经历太多痛苦的调整。

这种结果非常重要，非常连贯，值得我们反复强调。召开关键会议之前，绝大多数参会人员会不切实际地要求实现更多的会议目标。但在关键会议召开期间，他们会抵住诱惑，不去力争团队还没有准备好的目标。

作为关键会议的设计者，你的工作就是帮助人们培养耐心，只有这样才能在开展行动之前进一步拓展他们的见解。一些资深的从业人员将此描述为"为不确定性创建一个对话容器"，其他人则借用"慢中求快"来描述它。无论你偏爱哪种说法，组织好关键会议，让参会人员在行动之前获得一些真正的"发酵"空间，这是非常关键的。有时，这也能检验你的耐性。但最终你的坚持会赢得所有人的欢迎。

如果团队达成了共识，下一步是很容易的

召开任何成功的会议或关键会议的一个重要部分，是获得下一步行动的明确指示。时间紧张的高层管理者非常看重这一点，原因就在于他们有过惨痛的教训。就像丰田金融服务公司的巴林杰，在他们的关键会

议中产生了伟大的想法，但会议之后，这些想法没有得到进一步发展和实施。

糟糕的后续行动也能破坏关键会议的结果，这并不是因为参会人员不知道如何开展行动，而是因为他们根本就没有达成共识。

面对紧迫的时间和复杂的任务，许多组织通常的做法是，领导在大家没有真正达成共识或一致意见的时候，要求开展下一步行动。不出所料的话，大多数人会响应号召。在领导面前，他们的态度或是"附和和默认"，或是被动地接受任务。没有约束的话，这种态度会微妙地转变成"这一切也会过去"或消极地抵制任务。虽然会议结束时会列出一长串具体的任务，但是人们缺乏全身心投入的热情。

心理学家特蕾莎·阿马比尔投入大量精力致力于个人工作日记的研究，研究发现：影响职场人士士气与生产力的最大因素是他们是否在努力工作中感受到"有进展"。在关键会议中，重要的问题是什么促发了"进展"。参与者努力达到真正的影响力时刻：大家能够达成深度共识，这就是取得进展。之后，他们通常会采取行动，而且是快速的行动。

无可否认，我们希望会议的结果既能达成共识又能指引行动。但如果我们必须选择其中之一，那么在任何时候我们都应该选择达成共识。如果关键会议没有达成共识，那么下一步工作，无论它多么"行动导向"，都不可能起作用。相反，如果你的团队能在关键会议中对一些重要的新观点达成真正的共识，那么在接下来的工作中就游刃有余了。

Moments of Impact

第 3 章
纳入多元视角

　　埃蒙·凯利遇到了问题。作为 20 世纪 90 年代中期苏格兰企业局（Scottish Enterprise）的经济发展机构的战略主管，他的工作是优先安排和协调机构中的许多部门、项目团队和职能单位。但是，和其他企业遇到的问题一样，机构中的管理者和员工只关注会对自己部门内部产生影响的结果，而没有对其他部门的同事所进行的工作给予更多考虑。

　　在大多数时间里，这种对本部门的关注对完成任务很重要，但它的缺点是比较短视。如果劳动力开发部门、出口促进部门、小型商业扶持部门都各做各的事情，那么就很难推动整个国家或地区的经济发展。

　　凯利面对的是典型的多视角问题。苏格兰企业局的各个部门和职能机构的管理者们有很多有价值的观点——只是他们没有最大限度地挖掘这些价值。结果是机构错失良机，没有抓住关键的趋势和模式，没有集中优势解决最主要的难题。凯利很清楚他需要召开一次重要的关键会议，让同事们更好地合作起来。但怎么做到这一点呢？如果给部门主管们作长篇大论的演说，效果肯定是适得其反的。他需要找到能够调动他们积极性的办法。

　　于是，凯利采用了一种我们称为"给予与获得游戏"的方法。在会议的开始阶段，他把大约 40 名参会人员分为 5 组，每组代表他们各自的部门：创业部、培训部、商业基础部、现有商业开发部和服务部。然后，他发给每组 8 张白纸以填写本部门和其他 4 个部门开展合作的具体信息。创业部在 4 张纸上写出本部门对其他 4 个部门作出的具体贡献（或"付出"），在另 4 张纸上写出本部门从其他 4 个部门得到的帮助（或"收获"）。其他部门也这样做。

　　所有小组都奋笔疾书以确保没落下每个可能的贡献。等他们完成活动，在休息期间，凯利把所有的白纸收起来，整理成"画廊"的形式。现在，各个部门之间的给予与收获，从各个部门的视角并排展示出来。

休息过后，参会人员看到每个小组无一例外地认为自己所做贡献的内容远远多于所获得帮助的内容。这种并排呈现形式鲜明地显示出每个小组都认为本部门的付出远大于得到的回报，这在逻辑上是不可能的。参会人员品味着一张张白板上的内容，不时爆发出笑声，嘲笑相互间以自我为中心的现实写照，看来这是大家的通病。

显而易见，大家一直否认相互间合作的质量。在之后的讨论中，大家也发现他们的同事，即使那些工作和职责与他们截然不同的同事，对于其他部门面临的难题也有着惊人的精辟见解。大家所需要的最有价值的战略智囊也许就坐在隔着几间办公室的另一侧，而且一直都在那里。

多元化视角胜过群体思维

调试性挑战非常复杂，而且它们没有现成的答案，一个人很难找到应对方法，只凭分析手段不能解决问题。它们需要跳跃式的见解，这种见解通常只来自用新的方式融合不同领域的观点。

曾经一说要协同合作，组织就会采用群体思维（Group thinking）的方法，这是关键会议坚决要避免的。心理学家欧文·贾尼斯在 40 多年前的同名著作中阐述了群体思维的危害性。当我们观察到参会者附和领导的意见或随大流，或者看到不同观点被抑制，或者在有人回避挑战重要方案背后的关键假设，这就是群体思维的现象。这种现象导致了许多企业的失败、错误的战争，甚至航天飞机的失事（如 1986 年的"挑战者号"事件）。

各种组织中都存在群体思维。电影《点球成金》中有一幕，奥克兰运动者队的童子军们坚持采用同样的陈旧策略对付北方球队，他们的做法就是明显的群体思维方式。当你把同一批人集中起来，在熟悉的地方，用同样的老办法解决问题的时候，你们就是在进行群体思维。

相反，关于创新性和创造力的严谨研究强调多元视角在寻求新的解决办法时的重要性。无论是过去还是现在，这一点在艺术、科学和商业领域都是正确的。当人们产生特别棒的创新想法时，背后往往会有一个多元视角的丰富生态体系。这些跨界混搭风格的人们和他们的奇思妙想可能出现在 20 世纪 20 年代巴黎的咖啡馆里，可能出现在过去几十年硅谷中沙丘路附近的小酒吧和餐馆里，也可能出现在今天某个 YouTube 的频道里。

伟大的关键会议也能做到这一点。它们也像那些咖啡馆、科学实验室、酒吧一样，拥有让天才厨子、音乐人或创业家海阔天空交流最新想法的魔力。如果你想拥有这些魔力，至少需要做 3 件至关重要的事情：组建一支梦之队，汇聚合适的多元视角；搭建合作的公共平台；激发受控的对话之火。

关键做法 1
组建一支"梦之队"

对于一次成功的关键会议来说，召集最佳的参会人员是关键环节。但是，确定参会人员名单是很有压力的事情，这就如同筹备严格控制人数的婚礼宾客名单一样令人头疼。通常情况下，这种压力会迫使项目团队立刻作出妥协。他们原本打算组建一支"梦之队"，但他们最终敲定的是"必邀的参会者"名单：名单上的人是他们认为必须被邀请的，而不是真正能解决难题的那些人。

通常"必邀的参会者"名单中包括 4 类人：发起人、专家、实施者、有否决权的人。发起人是高层管理者，推动工作取得进展；专家们则对要讨论的议题具有专业性、权威性；实施者能推动工作的进程；有否决

权的人有可能叫停这个项目。所以我们有理由关注这4类人对议题的不同思考。或许他们在评价和完善新方案方面是一支不错的团队，但他们缺乏设计出这些新方案的能力。

在准备参会人员名单的时候，大多数项目团队的毛病是，一开始名单包含方方面面多人，但最终他们又把那些会给他们带来巨大帮助的人排除在外，甚至连考虑都没有。

究竟是选择一支"梦之队"还是一支必须邀请的团队？这个选择决定了会议会是一次成功的关键会议，还是一次还行的关键会议。如果你打算组建一支"梦之队"以应对重要的挑战，那么你需要转变思维，拓展视野。

混搭团队的基本知识：建立伟大团队的社会科学

近些年，创造性合作的大量研究得出3个与组建梦之队以进行关键会议尤其相关的结论。

首先，创意的观点经常来自桥接不同专业背景人士或团队的想法。在《伟大创新的诞生》一书中，史蒂文·约翰逊创造了相邻可能性（Adjacent Possible）这个术语描述不同成分组合产生的创新。这就如同生物进化过程，新的特征更可能来自邻近物种的结合（比如猿的不同种类），而非相隔较远的物种（比如猩猩和鲨鱼）。"生命和人类文化的历史"，约翰逊写道，"可以说是一个循序渐进但坚持不懈地探索相邻可能性的过程，每个新的创新都开辟了一条探索的新途径。"这一过程可以解释为什么城市是进步的摇篮，当人们居住和工作得更邻近的时候，更容易进行交流并互动。

我们早就知道人们倾向于通过"弱联系"得到一份工作，从朋友的朋友那里，而不是从亲密的朋友或陌生人那里。这就是相邻可能性的力量。但按照社会网络理论的说法，大多数人生活在密集的社会关系的"小圈子"中，这些小圈子被差距或"结构洞"区分开来。那些能够桥接这些差距的人创造了人与人之间、不同想法之间的价值联系。

在他那篇广为引用的文章《创新观点的社会起源》中，芝加哥大学社会学家朗·伯特表达了在一个组织中相邻的小圈子之间建立联系的价值性这一观点。他的研究建立在对一家大型电子公司 673 位供应链经理进行详细调查的基础上。这项调查让每位经理说出他在工作中交流最多的同事的名字，从而创建一张个人网络细节图表。同时，经理们还提交了他们认为能够改进公司供应链工作最好的想法。高级经理小组把收集到的 455 个想法按照 1~5 的分级进行评价，从而评估这些想法对公司的潜在价值。

结果证实了伯特的假设：那些具有广阔联系网络的经理们的想法比那些具有有限联系网络的经理们的想法得到了高级经理们更高的评价。足迹常年遍及公司所有仓库的经理们，在产生创新观点方面具有很大的优势。

其次，解决顽固老问题的新颖方案总是来自圈外人士和非专家们。创新史总是充满了圈外人士的发现让业内专家大吃一惊的新突破的故事。这些圈外人士可能来自邻近的领域或完全不相干的领域。一位职级很低的专利员（阿尔伯特·爱因斯坦）改变了理论物理学领域；一位对冲基金分析师（可汗学院的萨尔曼·汗）引发了一场高质量教育的革命；两位没有出版经验的网络创业者（维基百科的吉米·威尔士和拉里·桑格）却永远地改变了百科全书的编辑和使用方式。上面这些例子和许多其他伟大创新者之所以能够成功，在某种程度上，是因为他们没有被束缚在某个领域的传统思考方式中。

这也是创新中心（InnoCentive）创立的前提。这家网络平台提供各

个领域数以千计的专家网络。它的客户几乎都是大型公司，遍及医药领域、消费者产品领域、化学领域。这些公司有大笔的研发预算，大量的博士人才，但他们在解决棘手的科技难题的时候却寻求创新中心的帮助。一项针对创新中心获得成功的主要研究发现，一般来说，物理学家比化学家更有可能解决化学问题，化学家比生物学家更有可能解决生物问题。这个违反直觉的发现证实了新鲜视角对解决令人烦恼的难题的重要性。

第三，最有创造力的团队经常由那些彼此不是特别熟悉的人组成。当团队成员第一次合作的时候，他们需要花费时间寻求如何开展合作。但当一个团队合作了几次之后，他们很容易形成惯性和常规的做法，这并不利于创新观点的出现。一项针对过去几十年百老汇音乐剧制作的深入研究发现，最成功的演出，无论是创新上还是商业上的成功，都来自新老成员组成的团队：有合作经历的核心成员再加上几位新成员。一般来说，合作次数多的团队或没有合作过的团队都不被评论家和观众看好。

选择怎样的多元性

所以说，如果你需要新颖的解决方案，那么你就需要把不同视角的人组织起来。但多元性，即使在同一个组织之内，也有各种表现形式，（见图 3-1）。在设计关键会议的时候，你不可能把所有视角都带进来，你也并不需要这样做。你的目标并不是像诺亚方舟那样集中所有代表性的视角，你的目标是为真实存在的难题寻找富有创造性并行之有效的解决方案。

各种多元性

组织内的多元性

不同专业角色和专长领域

不同职位层级

不同职能部门

不同地理位置（区域性的和本地的）

不同利益相关者类型

社会属性的多元性

不同性别

不同年龄和代际

不同种族和民族

不同文化和语言

心理属性的多元性

不同个性类型

不同学习方式和智力水平

不同宗教、政治和价值体系

不同的个人动机

图 3-1　各种多元性

在规划会议的时候，你需要明确哪种多元性因素对团队将要讨论的议题最为重要。

▶ 如果你的问题是关于新商品的，它的消费者一半是女性，可是邀请参会的人员名单上 80% 是男性，那么你就需要更多地考虑性别

这个多元性因素。

▶ 如果你的问题是关于人才招聘的，多数新员工的年纪在 30 岁以下，而多数管理者的年纪在 45 岁以上，那么你就需要更多地考虑年龄这个多元性因素。

▶ 如果你所在行业的边界正变得模糊，干扰了你的核心业务活动的开展，那么你就需要考虑邀请那些相邻市场的专家来参会。

▶ 如果你的团队未曾成功解决该挑战，那么你就需要在关键会议上融入新鲜的外部视角，比如，不同个性类型的人、你所在组织中的边缘性部门人员，具有相关专长的组织外人士等。

虽然前面提到的几点显而易见，但是很多人在实际操作中并没有作出这些基本的调整。在拟定参会人员名单时，许多团队即使在一些很有必要的情况下，还是不愿意跳出习惯的思维方式，把自己的主导性让给其他人。

组建你的"梦之队"

结合前面提到的这些情况，为关键会议而组建的"梦之队"是什么样子的呢？我们回忆一下第 2 章那个虚构的案例，一次关于图书出版行业未来发展的旨在达成共识的会议的目的是什么？会议即将召开，你需要聚焦于探索新的商业模式。你所处的行业将发生巨大的转变，你不得不寻找开拓市场的新出路，或者勇敢面对几乎可以肯定的长期下滑的趋势。

下一步工作就是确定 20 位参会人员的名单。因为你的大多数同事都是图书出版业的专家，所以很容易凑齐一屋子熟悉情况的公司内部人员，大多数企业确实是这样做的。但这样的话，这就是一支必须邀请的团队，而不是我们所希望的"梦之队"。在会议上，由于这些人相似的经验，所以并不会带来什么有价值的东西。

现在，让我们组建一支"梦之队"吧。我们还是先从公司的内部专家开始。考虑到议题是跨部门的，我们需要一支由公司内部人员组成的核心团队，而的专长涉及营销、销售、编辑、财务和运营的各个部门。理想一点的话，他们是该议题的发起人、相关专家和对议题最有贡献的实施者，而那些有否决权的人可以用其他方式参与。最重要的是，我们确信这群有批判性思维的人在一起能够坦然接受不确定性，开诚布公地交流各种能够引发重大转变的可能方案。

除了以上"必邀的参会者"，还应该邀请什么人呢？我们的建议是从下面的每个类别中邀请 1～2 位。

▶ 来自前沿部门的人，如预研部门或处在组织中变化更快的部门的员工（组织内部人员）。

▶ 起枢纽和连接作用的人：那些擅长为不同团队建立沟通桥梁的人（组织内部人员）。

▶ 敲警钟的人：那些与新媒介相关的，与前沿技术打交道的人（组织内、外部人员都可以）。

▶ 率先使用者：那些新媒介的尝试使用者（组织内、外部人员都可以）。

▶ 相邻领域的专家：那些传统图书出版行业外的市场、新商业模式方面的专家（组织内、外部人员都可以）。

▶ 读者群：那些老客户代表，如懂行的书店老板、网上书店经销商或有名的书评家（组织外部人员）。

你觉得召集下面哪种团队进行关键会议效果会更好：①一个聚集了

公司内部出版专家的团队；②一个由 10 名公司内部人员作为核心，再加上上面提到的类别中的另 10 人组成的团队。哪个团队能够有效地帮助公司应对商业模式挑战？你更愿意参加哪个团队呢？

最好的成员组成取决于具体的情况和会议的目的。前面提到的团队特别有利于建立理解的关键会议。但对于形成备选方案的关键会议，你就需要一份有点不同的成员名单了，参会人员中不需要有太多出谋划策者，而最好有更多具体实施潜在方案的人，这样才能确保这些决策切实可行。但有一条通用的原则：要开好这样的关键会议，需要必要的多元化参会者。

给参会者提供参会的灵活度

我们会发现把关键会议的梦之队成员放到同一个会议室不是一件容易的事，这些必邀人员不是很容易能聚在一起，常常是有很大压力和难度的。通常，我们会作出妥协，给出折中的人员名单。但在做出折中方案之前，我们最好花点时间认真思考一下我们的选择。

我们发现一个简单却很重要的事实：虽然有些人可以带来多元的见解，但他们不必从始至终参会，甚至不必在会议现场。我们可以通过访谈、调查、视频、音频等手段获得这些人的见解。这一点对组建会议团队来说，有两个重要的意义。

首先，相比仅有必邀的参会者参加的会议，你会有更多的成果。那些可以贡献想法，但又没有必要现场参与的人，可以通过这种方式在会前准备好他们的要表达的内容。这样就不会看到他们在会场像被抓起来的"人质"，随时窥视适当的时机逃跑，或在会议讨论的关键时刻把玩他们的手机——这些行为会削弱会议的讨论氛围。那么，不妨给这些人一个选择，通过访谈的方式让他们在会议前提供一些观点。虽然每个人都想对重大的战略问题发表自己的看法，但并不是每个人都愿意奉献一整天的时间来讨论这些问题。

其次，它可以带来更大的创造力和灵活性，你就可以引入更有价值的梦之队人员的视角。例如，即使这个领域的世界顶级专家不能赶来参加会议，但也许他可以通过视频会议的方式参与一个小时。或者，如果你需要更多真实的客户看法，为什么不让客户参与会议以表达真实心声，而只是把他们的观点做成数据进行呈现？凯文·布鲁发现，即使一次只有 90 秒的远程参会，也能产生重要的影响。

布鲁是斯坦福大学负责商务战略的体育指导部副主任，也是大学体育队的拳击手，美国大学生体育联盟 Pac-12 的成员。每年，斯坦福的 36 支大学体育代表队需要大笔预算和筹资。几年前，布鲁注意到 70% 的资金来自至少 40 多年以前毕业的校友们。虽然对捐赠者有年龄上的偏见，但是从学校层面来说，这个比例还是偏大了些。这也引发了一些关于斯坦福体育活动资金筹措的长期健康性的问题。

布鲁通过寻求学校体育委员会的各种支持建立起同年轻校友们的联系。尽管他手头有效的数据用来说明情况，但是他知道还需要做更多的事情来说清楚这个事情。于是，布鲁抓起摄像机，采访学生和年轻的校友，只问了一个问题："你知道雄鹿/深红俱乐部（一家斯坦福体育运动捐赠者俱乐部的名字，它的历史可以追溯到 1934 年）吗？"

"许多人都不知道，"布鲁回忆说，"那些正在雄鹿/深红俱乐部捐资建造的体育馆举重室里锻炼、拿着该俱乐部奖学金的运动员，你问他们知道雄鹿/深红俱乐部吗，他们居然不知道，这特别令人惊讶。他们的回答都很幽默，有人会说：'我不知道，是竞技表演吗？'"

尽管委员们早就清楚这一情况，但这 90 秒的专题视频的生动展示，带来图表和表格所达不到的效果。"这是为委员们展示目前脱节状态的

生动方式，"布鲁说道，"当他们观看视频的时候，他们很吃惊。"最终，委员会同意布鲁和他的团队进一步同年轻的校友进行更积极的联系。尽管这些学生和年轻校友没有参加这次会议，但他们的声音在会议上被人们清晰地听到了，而这带来了改变。

关键做法 2
搭建创造性合作的基础

一旦确定好了参会人员，你需要开始为他们的创造性合作搭建基础。这是一项非常重要的工作，因为关键会议并不总是激发出我们更好的一面。在《工作的大脑》一书中，大卫·洛克为我们展现了神经科学的最新研究，解释了为什么专业性工作带来巨大的压力感。他提到的几种压力在关键会议中也同样存在。

关键会议能引起令人不舒服的不确定感。人类大脑是一台不休息的预测机器，总是想弄清楚接下来要做什么，特别渴求确定性。从定义上看，关键会议聚焦于不确定性，而不确定性会让人不适，这就需要额外的神经能量进行加工处理工作。

关键会议能引起权力地位被威胁的感觉。我们的祖先，在恶劣的环境里依赖社会联系谋求生存。尽管我们现在所处的环境与那时相比改变了很多，但我们原始的大脑仍然把任何对我们社会地位的威胁视为生存的威胁。因为关键会议总是包含个人表现的成分，所以在关键会议中人的地位就会受到威胁。

关键会议中存在可能的挫败感。关键会议中不可避免地会出现胜利者和失败者。选择一个方案，提供这一方案的某些人和某些部门就会成为英雄，其他人则黯然失色。一些关键会议甚至会引发对企业作为一个整体的生存能力的怀疑。(关键会议也提供巨大的机会与希望,但由于人类固有的厌恶失败的偏见,人们本能地更恐惧失败,而不是更渴望成功。)

关键会议会引起冲突的可能性。虽然大多数专业人士社会经验丰富,会在会议中举止得当,但是各种事情都可能引起人与人之间真正的冲突,触发应激反应。

对于最后这一点,洛克发现:

> 面对威胁的应激反应既是劳神的,对一个人或一家企业的创造力也是致命的。因为这种反应能够耗尽血液中的氧气和血糖,它们被转到大脑的其他部分,包括加工新信息和想法的工作记忆机能。这样会损害分析思维、创造性见解和解决问题的能力。换言之,正当人们最需要复杂的思考能力的时候,大脑的内在资源却被拿走了。

所以对参与关键会议的人来说,体力和情绪上都会有很大的消耗。会议中压力增大的常见场景是:议题非常重要的时候,当参会人员彼此不理解,他们的观点差异很大。

关键会议设计者要能够搭建一个支持创造性合作的基础,找到抵消和管理这些压力的办法。在会议发言中,人们经常谈论"级别设置",或者确保他们从共享的信息库开始。虽然这很重要,但根据我们的经验,这只是构成关键会议强大合作基础的 8 个要素。

搭建创造性合作基础的 8 个要素

1. 共享目的与目标感 。
2. 建立团队共同身份感,形成共同体。

3. 对所面临的挑战形成共识。

4. 有紧迫感。

5. 共享的语言体系或对关键术语有共同的定义。

6. 共享信息库。

7. 有能力讨论困难议题。

8. 有与议题相适的讨论、思考框架。

即使只具备 8 个要素中的 5 个，也能搭建团队协作的基础，但如果 8 个都具备，那么合作的基础就非常稳固。你的团队对面临的挑战有深刻的认识但缺乏紧迫感吗？团队成员有很强的团队身份感却回避困难的问题吗？根据会议的目的和团队成员的特性，你可以通过强有力的方法来整合已有的要素。

在本章开头的故事里，埃蒙·凯利先采用"付出与收获"的活动搭建合作基础，然后才让团队针对苏格兰企业的跨部门战略进行合作。我们认为，他至少强化了 3 个要素的作用：帮助团队共同面对挑战（要素 3），为更好地合作而强调紧迫感（要素 4），提高团队讨论困难议题的能力（要素 7）。

在为一家大型艺术教育机构设计关键会议时，我们的同事安德鲁·布劳采用了不同的方法。这次会议大约有 30 名参会人员，他们大多数曾在一起长时间共事，有些人已经在一起工作 20 多年了。和苏格兰企业团队很像，在会上，他们的部门意识很明显，并没有把企业看作一个整体。另外，被建议的战略议题有可能引起对稀缺资源的焦虑感和竞争意识。布劳很清楚，至少有一些参会人员是带着保护意识和防范意识来参加会议的。

在这种情况下，布劳决定加强团队的共享目的和目标感（要素 1）。活动开始时，他让每个人讲述最早影响他们投身艺术教育的有意义的童年经历。每个人一开始对于这个问题表示惊讶，之后畅所欲言：一位男士回忆起他的母亲如何在他晚上上床睡觉之后练习钢琴，因为这是她能弹琴的唯一时间；一位女士记起一群兴奋的孩子挤在校车里，奔波几个小时去芝加哥观看他们平生第一次的一流剧院演出——《胡桃夹子》；另一位男士则讲述了他的祖母责备他在卧室墙上模仿创作东洛杉矶涂鸦艺术的故事。

即使工作上每个人彼此都很熟悉，他们却很少分享他们个人与艺术教育的联系。虽然这一个问题并不能消除内部的竞争感，但是这种活跃气氛的活动搭建了大家合作的基础，从而有助于解决那些原本会切断他们彼此联系的难题。

与上述公司遇到的情况不同，一家全球运输公司正面临着 2008 年经济危机之后的困难商业环境。和许多公司一样，这家公司在危机爆发之前的几年里进行了大量的增长投资，现在却不得不改变发展方向。一家咨询团队访谈了公司 30 几位中层管理者，本以为他们会很悲观，却发现有些事情更糟糕：他们认为公司高层对于危机过于自信。

带着些许不解，咨询团队和公司的高层管理者们召开了一次会议，报告初期的访谈结果。使他们大为惊讶的是，这份严肃的报告并没有引起高级管理者们的关注，他们对报告所暴露出的严重问题并没有引起重视。

会后，咨询团队反思高管们的反应。以任何标准来说，这份访谈结果都是很有价值的。团队曾一度打算在即将举行的关键会议上和更多人分享这些信息，但他们现在知道，他们需要采用更有力的方式，而不是一场简单的幻灯片演示。幸运的是，在接下来的几周内，团队想出了一个创造性的方法以分享访谈结果。

会议的第一个晚上，在公司外的一处休闲场所，晚饭前参会人员聚

集在宽敞的接待区品酒。刚刚结束一天的紧张讨论，很多人看起来很疲惫。在接待区，大家发现一个不同寻常的布置，就像互动的博物馆展览一样，里面有 8 个视听区。参会人员手里端着酒杯，进入每个视听区。他们置身于声音环绕当中，那是专业人士在朗读访谈的内容。

这些访谈的音频材料，都来自这些正在各个视听区互动的人们，这为大家带来了一种别样的体验。这种体验产生了令人冷静下来的效果。正因为这些评论音频经过了配音加工，所以人们不会把评论内容和具体的某个人对号入座。这种距离感使参会人员对所听到的评论有了全新的认识。

第二天，每个人的状态都很放松。前一天大家都感觉无法讨论的问题，现在却感觉更容易对话了。最后，团队成员开始触及那些困难议题（要素 7）。大家有了合作的基础，参会人员才能够讨论实质性的问题。

最后需要说的是，我们搭建合作基础时，需要考虑参会者是怎样的团队，这些人经常一起工作吗？或者这群人互相熟悉吗？

如果团队成员彼此熟悉，那么花点儿时间搞清楚他们之间复杂的关系就非常重要，因为这些复杂的关系将不可避免地影响他们的交流。另外，在会议结束后搭建的合作基础也要继续发挥有效的作用。如果是临时组成的团队，你通常希望构建一个只发挥一两天作用的临时合作基础。如果参会者包括上述两种性质的人员，你就要考虑如何为那些固定的团队成员和临时的团队成员搭建起交流的桥梁。

关键做法 3
激发受控的冲突

一旦你组建了一支多元化团队，搭建起合作基础，这时就要考虑把大家进行混搭。和其他创新形式一样，创造新颖的战略见解和选择方案需要（资源）重新组合。你需要打破常规做法，另辟蹊径。不来点儿冲突性和戏剧性事件，你很难激发人们的奇思妙想。

大多数企业和大多数人习惯于避免冲突。与之相反，一些企业好像很喜欢冲突的出现：在这些企业中，人们通常评论，补充评论，再评论，他们彼此缺乏倾听。在不同程度上，这两种极端做法对会议都是同样致命的。避免冲突的团队倾向于一团和气来控制好关键会议的过程；而喜欢冲突的团队则不断争论从而影响了关键会议的成效。

可能还有一种更好的方式来讨论挑战性的问题。罗纳德·海菲茨称它为"冲突管弦乐"。我们乐意把它想象成"点燃受控的火"，这和消防员保护和培育森林生态系统的做法相似。森林需要偶尔的大火来清除朽木，补给养分。在合理的条件下，受控的火能帮助森林重生，减少大灾难的概率。缺乏受控的火的区域很少出现火情，而一旦出现，那就是一场大灾难。

在大多数关键会议中，你希望点燃一点儿或更多可控的火，大家还能够安全地进行对话。下面 8 个策略可以让团队对敏感问题展开热烈的讨论，同时又可以合理控制争执的激烈程度。一种有效的方式是你从这 8 个策略中选取若干并进行组合，形成你的做法。

───── **激发受控的冲突的 8 个策略** ─────

1. 从更长期的视角来审视当前议题。
2. 采用"由外向内"的视角，关注变革的外部驱动因素。
3. 把挑战性问题转变成游戏或其他模拟活动。
4. 就关键问题的假设进行讨论，而非争论彼此的结论。
5. 促使参会者换位思考。
6. 促使团队权衡利弊。

> 7. 就选择方案的标准达成共识。
>
> 8. 制定并保持清晰的界限和基本原则。

当受控的火被激发起来，首先要考虑的事情就是目前的情况是需要加大推动讨论激烈程度的力度，还是找到办法以控制讨论的激烈程度。

还记得婴儿食品公司珀拉姆有机食品的总裁尼尔·格里默吗？他感觉非常有必要加大关键会议中关于竞争议题的讨论热度，虽然公司的董事会很清楚竞争的问题，但是他们缺乏足够的紧迫感。在这种情况下，格里默采用了模拟战争游戏的方式（策略 3），让董事会成员们从竞争对手的角度思考问题（策略 5）。

想象一下，你是珀拉姆有机食品公司的董事会成员。在会上，格里默转向你，问道："如果我们今年成功达到了增长目标，你认为嘉宝公司会作出怎样的反应呢？"作为密切关注这个领域的人来说，你很可能对此有一些自己的想法。

如果格里默换一种更像他安排战争游戏的方式问你："我想让你来扮演嘉宝公司。你们公司是婴儿食品行业的龙头企业，有 80 年的历史，连全球性企业雀巢公司也排在你们后面。我们是一家小公司，却抢夺了你们市场的一些客户。今年，我们还计划要加大发展规模。对此，你们公司怎么办？"

这就是猜测其他公司的想法与从对方角度思考的差别。神经科学家和心理学家使用心理化、心智理论或换位思考这样的术语描述后一种现象（各有不同的解释）。无论你喜欢哪个术语，如果思维模式中的转变机制被激活了，你就能够在脑成像测试中真正看到这种效果。格里默让自己的董事会成员从竞争对手的角度思考，设身处地进行换位思考，他的这种方法点燃了大家的参会热情，势必导向更好的结果。

有的时候，你还需要降低关键会议中激烈讨论的热度。几年前，一家消费电子公司针对一个当时相当热点的问题召开了一次关键会议：在主要变革时刻，如何分配稀缺的预算资源？

在经历了漫长的市场转型过程后，公司的管理者们在同一时间面临两个巨大的改变。消费者迅速把他们的数字生活从个人电脑转到平板电脑和手机上。与此同时，网络社会媒介在被炒作了数年之后，开始认真地与传统广告渠道竞争公众关注度与投资。这些转变都对公司曾经成功的产品和营销战略产生了严重的威胁。

公司的首席营销官对这种情况尤为敏感，他掌控着一大笔预算，这笔预算是公司保护当年市场份额的最大希望。他和团队在一些问题上焦虑不安：如何快速将营销资源从个人电脑平台转向其他平台；如何从传统的营销渠道（如电视和印刷广告）转移到 Facebook 和 Twitter 这些新的社交媒体上。

通常，对大多数人来说，年度预算过程既是常规的工作也是笼罩着神秘色彩的环节。不同部门和职能机构为来年准备申请报告（这有点像给圣诞老人的愿望清单）并且在网上提交。部门的这些预算申请几乎总是大大超过现有的总预算，有时超出很大一部分，这为激烈的幕后游说活动铺垫基础。最后，预算制定并宣布下来，但这其间的操作依据经常是不透明的。

在大多数时候，这种"暗箱"预算过程运作良好。但当调试性挑战突然出现的时候，它就不灵了。考虑到快速变化的市场动态，首席营销官很清楚，他需要公司最棒的营销人员的智慧——他没有按照常规的做法收集"愿望单"，而是决定让 4 个团队一起在现场的关键会议中全力解决恼人的预算交易问题。这个靠谱的想法也是一次大胆的尝试，因为除非得到合理的控制，否则这个方法会引发激烈的政治斗争。

会前的几周，首席营销官的团队开始为创造性冲突创造适当的条件。他们与每个营销团队一起，倾听他们的问题并审核他们最初的预算请求。他们也和4个团队一起制定出一套适用于决策的标准，这套标准非常客观中立，能获得所有部门的肯定。

这次关键会议有30位参与者，主要是公司和4个部门的营销管理者，他们在一起开了一整天会。一上午的时间，大家几乎都在探讨引起公司市场变化的全球趋势。这些讨论的共识是，公司现在的预算不尽合理。这些讨论搭建起一个有力的合作基础。

下午，项目组把参会人员分成4个小组，每组都有来自4个不同部门的代表。每个团队都拿到一套相同的公司层面的目标和标准，以及在不同产品和销售渠道分配资源的模型。只几个小时的工夫，大家就敲定了一套全新的公司营销预算。

通过这样的方式，4个团队的热情在清晰的界限内得到合理的控制。他们的目标不是要在一天之内解决预算问题，这要由首席营销官作出最后的决定。但是，这个目标确保了各种主张都能得到表达并进行整合，从而激发新的想法。实际上，这个公司的关键会议设计涵盖了我们建议的8个策略中的4项：关注变化的外在驱动因素（策略2）；促使团队权衡利弊（策略6）；就备选方案的标准达成共识（策略7）；制定和保持清晰的界限和基本原则（策略8）。

这4个团队拟定出比会前的预算申请更为现实的预算模型，而且比期望中的预算安排更均衡。有了这个良好的开端，首席营销官能够形成最终可以回应市场情况并得到各个部门全面支持的预算计划（在几周之内）。

在设计关键会议的时候，你需要作出的几个重要决定是：在哪里、什么时候、如何激发参会人员的热情以获得突破性的见解。为了做到这些，你需要问自己一些问题。

▶ 什么样的差异性能激发关键会议中的冲突与戏剧性的效果？

▶ 你所面临的挑战是需要激发参会人员的热情，还是需要抑制大家的冲动？

▶ 8 个策略的哪种组合最适合你的情况？

聆听的力量

为了应对调试性挑战，你需要采纳不同的视角。好消息是，大多数企业里存在各种不同的视角。不好的消息是，对同一个问题大家都深陷在自己对这个问题的认知中，就像深陷在深井中，这样就给自己、自己的团队建立了防卫边界，从而保护自己和自己的团队。这一点很难改变，仅仅靠强烈呼吁大家一起和谐共事，几乎不起作用。你最多能让大家在会议现场相互妥协，但并没有得到他们全身心的投入与参与热情。

本章我们已经列举出几种有效调动参会人员多元视角的关键做法。这些做法在减少部门壁垒上很有价值，即使这些壁垒一直存在。但就这些做法本身而言，还是不够的，还需要所有关键会议专家都知道的秘密要素：聆听。

关键会议专家们做了大量的聆听。在本书中所分享的几乎所有成功的关键会议案例中，项目组和大多数或几乎所有的参加者进行了访谈。在这些访谈中，他们对访谈对象进行深入的聆听，事后消化访谈的内容，寻找内在的规律。

当你聆听别人谈论他们所面临的最艰难的挑战时，有几个重要的事情不能忽略。你会发现问题有许多不同方面。你逐渐开始对人们的各种观点表示认同，甚至产生共鸣，即使那些有瑕疵的观点。你开始探究所谈问题背后的潜在动力，包括冲突和一致性的深沟。当你带着一点距离感，让自己抽身出来去聆听，你能够比那些沉浸在谈话中的人更容易发现问题背后隐含的规律与模式。

当然，你的理解力永远不会达到完美。人们在一些敏感的问题上会有所保留，你也会带有自己的偏见。但如果你能够内化所获得的全方位视角，那么你利用多元视角解决问题的能力就会发生数量级的改变。

认真聆听参会人员的发言，你会制定出反映他们视角并引起共鸣的决策。当参会人员参加你组织的会议时，每个人都会感到他们的心声得到了表达，即使他并不赞同你所有的会议设计。当人们感觉自己的心声得到了表达，他们的压力感就会降低。当人们感觉不太有压力的时候，他们更乐于聆听他人的看法。作为关键会议的设计者，你通过发展和表达自己的同理心，更可能营造出参会人员互相产生共鸣的氛围。

偶尔，我们也会在没有事先访谈的情况下开会，结果并不是那么好。一位资深的业内人士也许能够策划和进行一次专业的、组织得当的关键会议，但结果总是差强人意，就像成衣的西装和定制的西装的区别。成衣西装可能剪裁不错，但就是不完全适合你。

如果你能抽出时间并花心思事先认真去聆听，那么接下来的工作就更容易开展。你接下来的工作会做得更好、更有效率：构建会议议题、营造会场环境、创造参会体验，这些都是我们在接下来的章节中将要讨论的话题。简而言之，你成就影响力时刻的概率会因此大大提高。

Moments of Impact

第4章
构建会议议题

你见过一段关于"隐身的大猩猩"的视频吗？几年前，哈佛大学心理学家丹尼尔·西蒙斯带领一队研究生拍摄了一段制作略显粗糙的一分钟视频，很快引起了大家的关注。在这段视频里，有两组选手，每组3人，一组穿白色的 T 恤，另一组穿黑色的 T 恤，白色组相互传一个篮球，黑色组相互传一个篮球。视频提示观看者数穿白色小组的互相传球次数，不必数穿黑色小组的传球次数。为了使计数有点难度，这两个小组一边传球，一边走动，而且还相互穿插在一起，所以观看者必须仔细观察。

视频过半的时候，一个打扮成大猩猩的人径直走进选手中间，还做出捶击胸部的动作，然后又走开了。视频结束后，观看者的反应达到惊人的一致。当被问到他们是否注意到有什么不同寻常的事情时，至少有一半儿的观看者表示没有发现。他们根本没发现屏幕正中间的那只大猩猩。当他们回看视频时才发现这只猩猩，他们惊呆了。这是怎么回事呢？

这一现象的技术术语是"非注意盲视"，西蒙斯和克里斯托弗·查布里斯在他们合著的《看不见的大猩猩》一书中详细地阐述了这种现象。通俗点说，"非注意盲视"就是我们倾向于选择看到我们正在寻找的东西。这段视频给关键会议上了重要一课：如果我们的注意力落在其他地方，就很容易忽视出现在我们面前的庞然大物。

议题构建：拼图盒上的参考大图

关键会议需要参会人员在同一时间内吸收大量信息并从不同的资源和视角获得意见。但要想在应对调试性挑战方面获得进展，关键会议设计者不仅要为参会人员收集所有相关的数据信息，而且还要做更多的工作。当面对大量复杂且常常冲突的信息时，你需要采用聪明的办法引导参会人员的注意力。

正如这个词所暗示的，"框架"（Frame）是一种强大的聚焦装置，帮助大脑有效运行。大猩猩视频里的计数任务就是一种设计，因为它表明你的大脑需要聚焦哪些内容或不聚焦哪些内容。与这个任务不同的是，好的关键会议框架设计不仅使你的注意力集中在最重要的事情上，而且也激活你的其他视角。

缺乏良好框架设计的关键会议就像在拼图盒上没有图案的情况下玩拼图，也有可能成功，但相当费力。如果你曾经参加过没有框架的关键会议，那么糟糕的框架设计很可能就是罪魁祸首。这会阻碍你发现变化的重要信号，那只做出捶胸动作的大猩猩，它可就在你的眼皮子底下。

对一位关键会议设计者来说，一项重要的工作就是构建（或重新构建）议题，从而引导团队聚焦注意力，进而开展富有成效的活动。资深专家设计议题的方式很像摄影师使用镜头的方式。当需要转变关键会议的焦点时，他们调整焦距或改变色调。如果你的团队在一个问题上视野狭窄，那么你需要放大镜头。如果你们拥有大量的复杂信息，那么你需要缩小镜头。如果大家只看到面前的危机，你就需要帮助团队勾勒出机遇的美好框架。

在实践中，最好在会议前明确你们的主要议题的对话框架。这将帮助你们对内容作出更清晰、更聪明的选择：哪些内容应包含在会议中，哪些内容应排除在外。

尽管如此，议题设计是复杂的。大多数擅长议题设计的资深专家凭直觉，经过反复的尝试获取经验。当然，他们也遵循一些关键做法，这些做法能帮助你，使你的团队更迅速、更有效地达成共识。尤其下面的做法能够：拓展（而不是反对）参会人员的现有视角；使参会人员换位思考；通过框架设计，帮助他们聚焦在最有价值的议题上。本书的其他章节会介绍前两个做法，而本章重点关注最后一个做法：如何为你的关

键会议选择合适的议题框架。

议题框架设计易犯的 4 种错误

糟糕的议题框架设计会毁掉许多关键会议。请注意避免犯下面的错误。

- 缺乏框架或框架过于宽泛。这可能是最常见的错误。很多常规会议的内容根本没有框架。参会人员从不同方面作出一系列毫无联系的展示。然后参会者从中选出最重要的观点，整个过程缺乏有效引导。

- 太过熟悉或狭隘的框架。熟悉的议题，用熟悉的方式构建起来，得到的也是同样俗套的结果。通常，关于竞争议题的设计是在以传统的、正面交锋为框架的竞争对手之间；客户问题的讨论局限在现有的市场部分；"讨论如何实现增长"限制在目前的商业部门。老路子不会有新结果。

- 太多的框架。顾问们很容易使用过多的构建工具，从而使框架过多，就像洛拉帕罗扎音乐节，这个音乐节以众多丰富多样的乐队、令人目不暇接的演出著称。在一次关键会议中，参会人员要了解过多的框架时，肯定会导致思维混乱。

- 带有偏见或过度禁忌的议题框架。这种错误不太常见，但一旦出现就是致命的。有的时候，管理者只是关注于"如何使他们已制定好的战略决定合理化"，所以他们按照预先假定的方式设计议题框架，希望达到预期的结果。这种带有偏见的议题框架给参会人员传递出清晰的信号，那就是他们只是走走过场的傀儡。

关键做法 1
拓展思维模式

任何一个深陷问题思考的人都不可避免地受到"知识的诅咒"这种魔力的影响：你对某件事情了解的信息越多，就越难想象那些没有获得那些信息的人是如何理解这件事情的。当你准备关键会议的时候，这种诅咒就开始发力了。你很难从参会人员的角度思考问题，而是以自己了解的方式组织会议，但别人不一定明白。

幸运的是，知识的诅咒能够克服，但前提是你愿意花费时间和精力去了解你的观众。

还记得皮埃尔·瓦克吗？他组织壳牌公司的经理们所进行的情景规划的最初尝试是完全失败的。尽管他的团队进行了很棒的调研工作，但是他们构建未来商业环境故事的方式却没有引起大家的共鸣。瓦克的"茅塞顿开"是从了解经理们对未来的假设开始的，然后在这个基础上构建不同的情景规划。当瓦克开始设计与经理们现有思维模式相关的情景框架时，他得到了更好的结果。

瓦克的主要观点是，人们更容易接受超出他们现有思维模式的新观点，而不是与之对立的新观点。参会人员肯定会带来他们对议题的理解，通常是一些含蓄的、未被澄清的观点。如果你不能事先识别和预料这些隐含的观点，那么你精心设计的议题就会与他们的观点相冲突。

无论设计什么样的议题框架，你都需要既关注会议内容，又关注参会人员的视角、观点。如果可能的话，这就意味着要做瓦克团队所做的工作：在构建不同议题框架之前努力理解这些视角、观点。这也意味着提前和一些关键人物一同检验你设计的议题，从而确保大家能产生共

鸣。当你构建的议题能够拓展而非反对参会人员的思路或观点时，他们很可能变得"忠心"，这就为良好的会议效果打下了坚实的基础。

关键做法 2
变换角度思考

面临调试性挑战的团队经常被劝告要"跳出盒子来思考"，这样泛泛而说，并没有给出有意义的指导。要得到创造性的解决方案，你需要帮助你的团队从许多角度和层面重新认识他们所熟悉的问题。换句话说，你需要帮助他们跳进不同的视角中进行思考，这不同于他们习惯的思考角度。

有很多方式可以做到这一点，本书的每个章节都会涉及一些。做战争模拟游戏（比如尼尔·格里默的婴儿食品大战）就是一种方式。其他的方式包括情境规划、模拟演练、角色扮演活动，比如扮演特定客户，从他们的角度寻求解决问题的办法。

下面是一种我们认为能够发挥作用的方式。想象一下：你正在为一家服装零售连锁企业的管理者设计关键会议，这家企业无论是网店还是精品店的销售额都在慢慢下滑。你想帮助他们找出走出困境的新办法，但又担心他们会在关键会议中得出他们一贯的老办法。一个激起他们创意的办法就是重新设计企业的标志，与人们熟悉的其他牌子如谷歌、苹果和星巴克的风格一样。这促使他们变换角度思考。

这种方式听起来也许很儿戏，有点像发现你公司的名字在谷歌标志绚烂的色彩中闪闪发亮，你突然就有了灵感。在面对你公司这样严峻的战略挑战时，谷歌公司会怎么做呢？也许和你们的做法不一样。当人们变换角度进行思考的时候，他们总是比在原地打转或天马行空地思考来得有效，更能发现好的想法。

关键做法 3
选择少量的议题框架

大多数关键会议围绕几个主要议题框架展开，通常是 3 个或更少。让一组人讨论很多议题肯定是令人头疼的和混乱的。在设计这些议题框架的时候，你的主要目标是让大家聚焦在正确的议题上，确保参会人员都能在同一时间里一起解决同一个难题。

议题框架可以有很多种形式，包括焦点问题、标语、比喻、视觉框架和故事等。在特定的目的下，一些形式使用得更为频繁：话题通常会拓宽或限制参会人员的视角，而视觉化的框架设计能帮助参会人员了解一个议题的全貌。我们将在本章介绍这些不同的形式。

设计焦点问题

如果你得了危及生命的癌症，并且可以做一个成功率为 90% 的手术，你会接受手术吗？如果你被告知手术后会有 10% 的机会活不下来呢？

这些问题问的是同一件事情，但问的方式不一样。人们更可能对第一个版本的问题给出积极的反应，与第二个版本相比，它强调了机会，而后者强调了风险。数年来的民意调查显示设计问题的方式对得到的答案有重要的影响。这一观察同样适用于关键会议，在关键会议中，一个精心设计的问题能成为你最有力的工具。美国发明家和工业工程师查尔斯·凯特林有一句有名的话："表述得当的问题解决了问题的一半。"

　　努埃瓦学校是一所位于加利福尼亚州北部的闻名全国的私立学校，提供从学前教育到八年级的教育服务。努埃瓦学校成立于 1967 年，以先进的课程闻名，其课程强调创造性学习、小组合作、创新性及社会性与情感发展。每一年，当一个班的学生升入八年级而面临毕业的时候，很多学生和家长感到不久他们将离开努埃瓦学校独特的学习环境，所以他们表达了希望学校继续开展高中教育的强烈愿望。

　　2010 年，努埃瓦学校校长黛安罗·森堡组织了一个特殊的专门工作小组，成员包括学生家长、校董事会董事、教师、志愿者和学科领域的专家，共同探讨开展高中教育的可能性。为了更好地了解高中部设置的可能性，由 30 多位志愿者组成的团队花费数月举行多次头脑风暴会议，访谈教育专家，研究高中绩效的最新数据，并访问了全国 50 多所其他学校。

　　一次在努埃瓦学校校区举办的由大学校长、学院主任、教育领域专家组成的关键会议是极其重要的时刻。这次校长圆桌会议旨在从学生将要升入高校的角度为高中学生的学习内容提供思路。

　　在准备关键会议的过程中，会议组织者考虑了两个可能的焦点问题：第一，努埃瓦学校能成立高中部吗？第二，努埃瓦学校必须成立高中部吗？

　　这两个简单的词汇选择改变了关键会议活动的全部性质。如果会议围绕努埃瓦学校是否能成立高中部这个焦点问题展开，那么会议重点是计划的可行性，实施计划的资金、人力和设备资源的需求等。如果会议围绕努埃瓦学校是否必须成立高中部这个问题展开，那么会议重点就是是否需要一所新型的高中。

　　最后，董事会认为两个问题都需要得到解决。但对这次会议来说，他们选择了"必须"这个问题。为了解决问题，他们计划在关键会议上探讨更加宏观趋势的问题，比如：影响孩子的社会问题是什么？科技趋势如何改变学生学习和同他人交往的方式？在日益全球化的背景下，教育怎样帮助学生做好准备？综合这些趋势，现有的高中课程缺乏什么，什么样的课程能更好地帮助孩子们为升入大学和从事有意义的工作做准备？

在探讨这些问题的过程中，大学管理者非常关注这些即将步入大学的学生的压力程度、抑郁和心理失衡问题。刚进入大学的学生们比之前的几代学生有更精彩的经历和优秀的表现，尽管他们拥有各种证书，但他们的情感经验和社会经验并不成熟。大学管理者提出高中阶段的学习目标需要改变，既要注重学生学业上的严谨表现，也要关注学生情感的发展。

在大家坦诚的讨论中，这些教育管理者给出了强有力的结论：我们需要开办一所新型的高中，其课程除了继续传统的人文和自然科学课程，还要突出跨学科的 21 世纪的创新技能、情感韧性和坚毅力。这次关键会议得益于合适的焦点问题设计和和长达 4 年的研究结果，它帮助努埃瓦学校的管理者和地方政府意识到，成立一所新型高中的时机已经成熟。这所高中将有助于学生全面发展、拥有终生学习的能力，这样的学生很受一流大学的欢迎。这所新型高中在 2013 年 8 月迎来了九年级的第一批新生。

在设计关键会议的时候，确定你要努力解决的问题是什么，这是你要作出的最重要的决定之一，也是值得花费大量时间作出正确选择的决定。虽然没有绝对正确的选择，但是草拟三四个可以坦诚交流的焦点问题是有帮助的，这些问题可以使会议转向略有不同的方向（这和第 2 章中图书出版行业未来发展的案例中关于不同问题的表达很相似）。然后，你需要和一些关键人物一同检验这些不同的问题，找到那个能够产生最

大成效的问题。

　　一定要避免囊括所有问题，避免所谓的高层次、高概括的讨论。努埃瓦学校的管理者在"能"和"必须"之间作出了明确的选择，他们的校长圆桌会议产生了积极的结果。如果他们在有限的时间内试图同时解决两个问题，那么会谈的结果很可能毫无成效。

设计会议中的关键短语和比喻

下面这些关键会议中使用的陈述句有什么共同之处呢？

▶ "竞争对手的新产品正在让我们处在'创新者的窘境'中。"

▶ "获利的唯一方式是在还没有太多人竞争的'蓝海市场'发现机遇。"

▶ "如果我们能在产品发布后的头几周把信息传递给足够多的相关者和专家们，那么我们很可能抓住'引爆点'。"

▶ "在产品推出之后，我们需要采用'平衡计分卡'的方式评估进程。"

　　以上每句话都使用了商业领域中的一些流行语。在大多数关键会议中，你都会听到若干流行语。有的就是说说而已，而有的却成为框架概念，成为更复杂观点或论述的简要表达。正如上面列举的，最吸引人的流行语通常以生动的比喻为特色。尽管你能在商业书籍中找到很多类似的用语，但最好的通常是自己打造的。

　　几年前，一家大型网络服务提供企业的高级管理团队想打入还处于起步阶段的市场：基于互联网的电视视频（Internet-based video over TV）。当时，只有一小部分美国家庭能够把网上的内容从他们的计算机连接到电视上。虽然基于互联网的电视视频模式的市场将是巨大的，这一点看起来显而易见，但是这个市场具体什么时候才能成熟仍然是个未知数。超越对手提前进入这个市场肯定是获利巨大的。但如果进入太早的话——走在最前端——也可能是代价高昂的。

管理者还面临一个问题：讨论各种备选方案时，如何不迷失在这些问题交织的复杂情况中。在经过了大量的调研后，团队拟定出一个很简单的框架用语来帮助公司管理者思考打入市场的时机问题。他们把它称为"点滴模式"（Drip）与"雪崩模式"（Avalanche）。

点滴模式原指报纸行业一个十多年的动态过程。从 20 世纪 90 年代后期开始，人们从各种不断增长的资源渠道获取新闻和信息，报纸行业发现他们的读者数量和广告收入在逐渐减少。但直到这次关键会议，关于新闻提供商如何赢利这个问题一直没有大的突破。报纸行业也基本如此，点滴模式造成了无情的损失，这个行业日益失去它的吸引力。

与之相对的雪崩模式是指音乐领域的动态过程。2000 年——在在线音乐服务 Napster 和其他网上资源长期的点滴模式之后——音乐行业经历了一次巨大的转变。苹果公司通过允许消费者购买和下载陆续上传到 iTune 服务器上的音乐，为音乐行业带来了新的商业模式。苹果公司——这家消费性电子公司——改写了音乐行业的发展规则，在初期就制定了输赢的标准。在雪崩模式前后，音乐行业显现了不同的发展状态。

当时，视频娱乐市场仍然按照点滴模式运作。人们的视线仍然放在 YouTube、Hulu、Vimeo 和其他传统的以电视为基础的娱乐资源上——占主导地位的有线电视的商业模式发展仍然强势。与此同时，不可避免的趋势是，消费者不用每月订购大量他们不需要的频道，而只购买他们想看的内容，这样一来，视频市场最终将会发生雪崩（爆发期）。

一个大问题出现了：雪崩模式什么时候出现？怎样出现？最好的时机，至少在某种程度上，取决于消费者放弃传统资源的速度。最终，"点

滴模式"势必将引发"雪崩模式",但会是什么时候呢?

在他们的关键会议中,管理团队赞同"点滴模式""雪崩模式"这种简略的表达方式构成的议题框架——会后,他们仍然采用这种框架。对于每条新信息——新的科技发展、竞争对手的举措或消费趋势——他们总是问自己:"这将促使雪崩模式迅速还是缓慢出现?"这两个简单的词汇帮助他们快速处理复杂的信息流,进行智慧的战略决策并和他人清楚地交流这些决策。

可视化框架:勾勒出真实情境

一个简单的视觉图像是帮助团队在同一时间观察同一事件的最好方式之一。战略领域的许多最有影响的观点就是以让人印象深刻的可视化框架形式表达出来,如波士顿咨询公司(BCG)在20世纪60年代后期设计的增长占有率矩阵(金牛业务、明星业务、瘦狗业务、问题业务);70年代后期由迈克尔·波特(Michael Porter)设计的五力分析模型(竞争者、购买者、供应商、潜在竞争者和替代者);麦肯锡公司(McKinsey)在90年代后期设计的三层增长模型(核心业务、发展新业务和探索未来业务)。

可视化框架可以是通用的模型(比如上面提到的那些),也可以是根据具体情境定制的。通用的框架在很长时间内会一直有效,有些时候甚至持续作用数十年,而大多数定制的框架,因为是为特定的时刻解决挑战而设计的,所以在几年之内会失去其实用性。但即使只在一次会议上使用,定制的可视化框架也能够产生重要的影响。

几年前,一家医疗器械公司的管理者尝试解决在远程监测系统上的投资规模问题,他们发明的这套系统能够追踪产品的数据。他们花费大量时间研究其他医疗器械制造商如何在他们的市场对相似的系统进行投资，同时也花费大量时间研究自己的产品和其他产品相比较的特点和成本。

这种密切关注竞争对手一举一动的做法，在许多企业中都很常见。但近些年，竞争可能来自意想不到的地方，比如，最大的经销伙伴（如亚马逊进军图书出版行业）、想象不到的新对手（Airbnb 拓展酒店业市场）或非同寻常的合作（耐克公司和苹果公司合作推出的深受欢迎的耐克+平台（Nike+platform，为跑步者记录和分享他们个人的运动表现数据）。

鉴于这样的现实，扩展竞争范围，关注相邻的市场和行业是非常有帮助的。在这种情况下，为了拓展思路，这家医疗器械公司设计了一次关于竞争的关键会议，就像一场两幕的演出。在第一幕，会议组织者让参会人员针对熟悉的其他医疗器械制造商的竞争情况聚焦本公司的市场定位选择。管理团队围绕这幅可视化示意图（见图 4-1）讨论了竞争的动态过程，得出了与以往一样的结论。

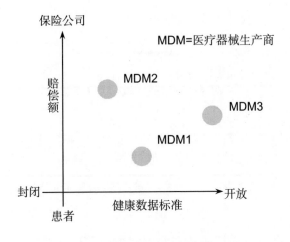

图 4-1　医疗器械监测竞争示意图

　　然后，团队展示了一幅重新勾勒竞争情况的可视化示意图（见图4-2），这幅图包括了医疗保健信息管理方面更广泛的竞争者。这幅图是按照比例制成的，所以那些熟悉的器械制造商以很小的比重分布在更大的竞争环境的各个角落里。现在，这一庞大的竞争环境被西门子、甲骨文、IBM这些商业巨头占据着。通过放大框架得到更宏观的图像，追踪的数据变得陡然清晰，那就是医疗设备将成为更全面系统的一个特征，而不是大多数器械制造商正在设计的小系统的特征。

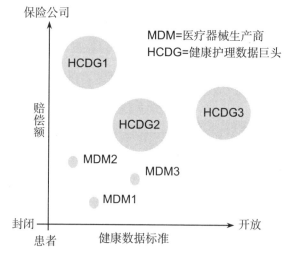

图4-2　健康护理数据竞争示意图

　　让人们能够一目了然地看清问题，这一点并不那么容易做到。通过可视化工具的使用，我们可以巧妙地改变议题框架，把团队的聚焦点从"如何赢得现今的市场"转变成"如何超越原有规划，更好地在完全不同的未来定位自身"。

　　可视化框架只是可视化思维方式的一种具体形式，它能够让关键会议活动更加丰满。当与其他巧妙的设计方法结合使用的时候，它们会发挥更大的作用。关于这个问题，我们来看看下面的案例。

构建哈格蒂保险公司的未来

哈格蒂保险公司（Hagerty Insurance）是特拉弗斯城最大的发营企业。特拉弗斯城是地处密歇根州西北的一座宝石般的小城，是这片地区的旅游胜地，其水上运动、葡萄酒厂和精品店享有盛誉。但是，哈格蒂保险公司并不是一般意义上的地方保险公司。它在一个高度专业化的利基市场处于世界领先地位：为游艇和古董老爷车提供保险服务。

1983 年，弗兰克·哈格蒂和路易丝·哈格蒂夫妇几乎是在绝望中成立了这家公司。他们是古董船的狂热收集者，但他们发现他们无法为这些珍贵的船只购买保险。很多人和他们情况相同。于是，夫妇两人在一份业余爱好者杂志登出第一则广告，咨询电话就接踵而来。1991 年，哈格蒂夫妇接着开发老爷车的保险业务——这是另一种私人爱好，而且拥有更大的市场。到 2012 年的时候，公司已经拥有 450 名员工。

很多因素促进了哈格蒂保险公司的发展，这包括有力的市场和公关活动、服务客户的重点意识，还有大保险公司所忽略的合理的市场定位。或许最重要的因素是公司上下对收藏品的真正热爱，现在大多数员工也爱好收藏。

2008 年，随着金融市场的迅速发展，哈格蒂保险公司的管理者意图拓展其保险业务的范围——覆盖其他收藏品领域，如枪支、运动纪念品或艺术品。考虑到各种可能的选择，他们面临着一次典型的战略决策：在经历了十多年的强劲增长后，他们要么在公司原有的成功业务上加大赌注（这很可能在未来面临缓慢的增长趋势），要么打入相邻的市场（这很可能削弱原有的成功模式）。

联合总裁金姆·哈格蒂和麦基尔·哈格蒂（创立者的女儿和儿子）决定召集公司的 18 位高层管理者开会，重新进行战略方向定位。在这次战略会议上，他们选择了情境规划的方式，聚焦于未来 12 年，也就是到 2020 年公司的商业发展模式。

情境规划实际上就是一次模拟未来的演练。它要求团队想象几种不同但合理的未来环境下的运作活动，检验每种环境下的可能战略方向。这种演练以 3 个核心原则为基础：从更长期的视角看待挑战；纳入多元的视角；思考"从外到内"的战术，更多地聚焦于所处世界和市场的变化，而不是只关注自己的企业。

2008 年 2 月，哈格蒂保险公司的管理团队在芝加哥的丽思卡尔顿酒店召开了 3 天的会议。第一天，他们讨论了大量的影响公司未来商业环境的驱动因素。他们研究了经济的发展趋势：强劲还是乏力。他们还考虑了油价的变化趋势。他们也构想代际转变和全球化趋势对收藏习惯的影响。为了丰富讨论活动，哈格蒂保险公司还邀请了 5 位公司以外的客人，他们为会议带来独特的专业特长和对所讨论的话题比较客观的观点。

接着，参会人员进入会议最艰难的环节：在议题框架上达成一致。团队需要从之前列出的很多驱动因素中找出两个"最关键的、不确定的因素"，并形成一个 2×2 矩阵。虽然不存在一个完全"正确"的情景矩阵，但是总有一些模型比其他的要好。团队的选择将会对之后的关键会议产生重要的影响。

让 20 多个不同的人一致认同一个情景矩阵，这就像高空走钢丝一样，很难实现。哈格蒂保险公司的团队费了很大的心血设计议题框架。他们不能确定是在宏观因素上（如经济或油价）还是相对具体的产业因素上（如保险市场的整合），或者消费者需求因素上（如代际改变或新收藏品位）给予更多的重视。

第一天下午，参会人员分成了 4 个小组以检验不同的备选情景矩阵。之后，每个小组根据大家认可的标准，分享各自认为最能发挥作用的一个框架。因为同时有 4 个备选矩阵，大家不清楚会选择哪个。带着这个问题，他们进行了愉快的晚餐并结束了一天的工作。（在任何创造性的过程中，这是重要的环节。）

在第二天的会议上，大家先回顾第一天的会议工作，受邀请的公司以外的客人发挥了关键的作用。他们认真倾听了哈格蒂保险公司的高管从不同角度对公司未来发展的介绍。像许多公司一样，哈格蒂团队尝试多种可能的未来战略。这些客人就如同陪同你购物的诚实的朋友一样，他们发现哪些战略适合哈格蒂团队的文化与价值，哪些不适合。

专家们指出，当团队努力寻求更好地服务于收藏者的方式时，他们的讨论是最富有活力的——而当他们讨论如何在相邻保险市场拓展一席之地时，他们的讨论却缺乏令人信服的理由。

对于哈格蒂公司的战略管理副总裁埃里克·奥克斯托姆来说，这些专家中的一位，时任克莱恩芝加哥商业编辑的马克·米勒的一席话起了关键作用。他说："你们可不像我曾经见过的任何保险公司的人那样谈话，根本就不像。没有人提到'平静的心态'和风险。你们一直在谈论收藏家和他们的爱好。"

就这样，客人们帮助团队退一步以看清他们自己的讨论。"如果没有这些公司外的参与者，那么我敢肯定我们不会取得突破性的进展，"会谈的组织者，咨询师乔纳森·斯达回忆道，"他们帮助我们审视我们的会谈，并且给哈格蒂的管理者提出了可靠和有益的挑战性问题。"

哈格蒂团队欣然接受了这些客人直率的反馈，并且迅速构建了一个全新的情景矩阵（见图 4-3）。这一可视化框架建立在两个重要的不确定

性因素上：第一，个人或团体未来收藏的范围；第二，收藏者关注有形
物品（如游艇和汽车）和围绕这些物品的无形体验（如学习和经历）
的程度。

矩阵中的 4 个情景都关注未来 10 年左右收藏者收藏热情的发展动
态。有一点非常清楚，那就是，如果哈格蒂公司能成功预见并支持这些
不断发展的热情，那么其他的问题也就迎刃而解了。

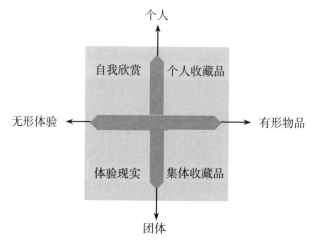

图 4-3　哈格蒂公司情景矩阵：未来收藏的 4 种路径

会后，哈格蒂公司的管理者制定了简单但激励人心的使命和愿景，
可总结为："我们点燃收藏者的热情。"在这一重新界定的清晰的目标下，
公司通过年轻人项目、网站内容、新的管理服务、公共宣传和更多的方
式，在发展和支持收藏爱好方面增加投资力度。

得益于这些投资，从这之后，哈格蒂公司即使在自美国大萧条后经
济倒退最严重的时期，即使在金融部门和芝加哥汽车行业破产的情况
下，依然获得了持续的发展。

"在经济下滑的时候，我们仍然加大了投资，"奥克斯托姆说，"我
们在我们认为正确的方向持续投资，而当时许多企业——尤其是上市企

业——打算退出。"

哈格蒂的经验为我们提供了很好的借鉴：好的议题框架设计能够和其他战略选择一起产生积极的结果。通过选择一个视线长远的焦点问题和一个强调消费者热情的情景矩阵，哈格蒂公司把它的关键会议聚焦于推动公司商业成功的深度因素上。在这次关键会议中，哈格蒂公司的管理者不需要学习比较陌生的东西。相反，他们通过一次有力并共享的沟通经历，充满自信地进一步发展了他们一直深信不疑的事业。

框架设计：推动关键会议

你需要清楚另一种框架——会议产出的框架，从某种意义上说，它是最关键的。在关键会议之后，你最不愿意看到的事情莫过于敷衍，所有势头都戛然而止。为了防止这种情况发生，你需要一个会议产出框架。产出框架是连接沟通中的活动和沟通后需要进行的活动的桥梁。它搭建起从关键会议到会后具体实施过程的直通线路。

除非在小型公司，否则，很可能只有一小部分参加会议的人会贯彻关键会议上达成的决议，其他员工和投资者则需要在会议精神传达之后才能开展各自的工作。但事后，参加会议的人常常很难向其他没有参加会议的人表达清楚关键会议的内容和当时的那种感觉，他们通常需要借助一些幻灯片的总结材料。这种情况几乎不可能出现——人们围在一张图表旁或被重点演示的口号性词语深深激励，从而开展自己的工作。好的产出框架能够解决这个问题。它通过把会议上的体验和观点转变成比喻、可视化图像或故事的方式，让那些没有参加会议的人吸收和采纳。

如果你恰好组织了一次建立理解的关键会议，那么你很可能希望产生"点滴模式"和"雪崩模式"那样的结果——一个用"几个词"搭建的框架，能快速地推进你下一步形成备选方案的关键会议。如果你打算

设计一次形成备选方案的关键会议，那么你会希望得到像哈格蒂管理团队设计的情景矩阵一样的框架，它提供了以规范方式开发和权衡主要选项的结构。

讲述一个"吸引人的故事"是一种确保会议得出的深刻见解能够在企业内产生持久影响的特别有效的方式。故事是自然的翻译工具：它们以激发我们想象和求知欲的方式讲述发生的一切。它们把大量信息有逻辑地整合在一起，并赋以情感的包装。一个好故事很容易让别人相信你的逻辑并和其他人分享这个故事。故事具有其他交流形式所没有的扩散能力。

故事还有一个显著的特点：它们可以扩展到并适应不同的场景。想一想哈格蒂公司的团队吧。在关键会议结束的时候，他们提出了一个全新的口号："我们点燃收藏者的热情。"这个口号使得公司未来的方向和当务之急清晰可见。以这个核心使命为起点，他们能够继续回应不同听众的不同故事。

对员工来说，他们也许会讲述这次芝加哥关键会议的幕后故事，让大家了解使命的产生过程。对消费者来说，他们也许会把这个口号与这家公司的历史联系起来，感受到公司创立者服务收藏者特殊需求的最初启示。对股东们来说，他们也许会讲述他们计划为点燃收藏者热情而进行特殊的投资，这些投资如何促进未来商业上成功的故事。

麻省理工的迈克尔·施拉格，战略和创新领域卓越的作家和咨询家，他曾指出："关键会议的所有目的不是只进行一次关于战略的良好的沟通活动，而是形成一个行动共识的框架，这将有助于你得到需要的结果。"

当你策划下一次关键会议时，你会希望预先多花些时间既思考你的输入框架——如何准备问题和会议的内容，又思考你希望会后继续发挥作用的输出框架。当你的框架设计得更富有智慧并且得到更好的发展的时候，你和团队作出的选择及采取的行动也会更富有智慧并能更好地发展下去。

Moments of Impact

第 5 章

营造会场环境

你带过自己的盘子去餐厅吃饭吗？带过自己的床去酒店住宿吗？带过一张椅子坐飞机吗？为什么安利公司——这家总部位于密歇根州艾达的全球直销商务的领军企业——的达西·特拉夫特和她的团队把家具带到了指定的高端会议场所呢？

这样做是为了改变现状。

"当人们参加常规会议时，他们期盼的是一间方方正正的会议室，也许有几扇窗户，一张长会议桌或标准的圆桌。"特拉夫特说道，她是安利公司的战略规划经理。她想打破这些常规的预期模式和这些预期模式带来的默认的"会议思维"。这是因为这次会议非比寻常：这是一次关乎安利经销商未来的关键会议，安利的经销商系统是一张由上百万家独立商业企业组成的全球网络。

特拉夫特和她的团队有意选择了一间时尚的带有隔离支柱的三角形的房间，他们把房间分成 3 个独立的区域：咖啡厅、放映厅和手工工作室。然后，他们把酒店的常规物件替换成沙发、安乐椅和吧台椅这样的家具，营造出家庭式温馨小窝或邻里间聚会的氛围。

"当大家第一次走进这个房间的时候，他们会说'啊，这太有趣了——我们要做什么？'"特拉夫特回忆道，"他们感到很惊讶，非常好奇。"但她把会场布置成这样并不仅仅为了达到令人惊讶的效果。"如果你想让人们摆脱常规的思考方式，那么你就需要把他们放在不同的环境和不同的情况里。"

也许把家具运到奇形怪状的酒店房间是一个极端的例子，但这种做法也具有启示作用。当负责安排会场的时候，大多数人都会问，那个地方有我们需要的一切吗？资深的关键会议设计者则会问，在哪儿或怎样创造支持我们会议目的的最好环境？与项目经理和活动策划者的思考方式不同，他们更像制片人和主持人。

Moments
of Impact

资深的关键会议专家一定要找到合适的地方，然后把它布置成他们想要的样子。他们把可视化思考带入项目的操作中。如同安利公司这些故意造成错位搭配效果的人一样，他们也特别关注细节的设计，目的就是打造一段愉快的时光。

关键做法 1
布置会议空间

想一下你曾经去过的各种不同风格的餐厅——只考虑它的空间，而不去想它的美食、服务或顾客。毫无疑问，它们风格各异——从宁静派到欢乐派，从冷色调到温暖系，从传统感到先锋派。每家餐厅都有自己的氛围，这种氛围又会影响你的心情。当你选择一家餐厅的时候，自然会考虑什么样的格局和布景适合你的目的。你大概不会把孩子们的生日宴会安排在一家正式的法式餐厅，也不会在一家破旧的比萨店里求婚。

那么，为什么许多人选择在不太合适的地方举行关键会议呢？在某种程度上，这是因为找到合适的场所比说起来难多了。大多数办公室或酒店的标准会议室要么普普通通，要么糟糕透顶。如果你想了解一下资深关键会议设计师是怎么想的，那么去问问科里·福特，他对这些标准会议场所的感受。

福特在硅谷从事了很长时间的关键会议策划。他是风险投资公司 Matter Ventures 的总经理，这家公司是台"创业加速器"，为新媒体企业提供资金和其他支持。他本人也是一位艾美奖得主——获得过纪录片的"最佳制片人"奖——所以他很清楚如何布置场景。

"空间的影响力是巨大的，但在影响行为和结果方面也是最容易被忽视的工具，"福特说道，"我没见到有多少人能够很好地利用空间。他

88

们通常陷入俗套的环境里——一间典型、正式的会议室，屋子正中放一张中规中矩的会议桌。"

"也许会议室有张白板，但通常情况下都没有。还有各种有形的障碍物——屏幕、桌椅、笔记本电脑——这些阻碍了人们相互间的交流。此外，很少有或根本没有太多的空白空间，所以很难让人们产生新的想法。这种环境导致会议非常低效。每个人都懒散地靠在那儿开会。"

人们对会议空间缺乏足够的关注，这不符合常识。大量的研究表明，空间环境影响我们的情绪、行为和创造力。接触自然光线能够促进学术表现、职场创造力、心理上的幸福感和身体健康。房间的颜色设计同样对人解决问题产生影响：蓝色的墙面激发创造力，而红色的墙面增强紧迫感。当房间内的温度偏离最佳温度范围，认知性错误的概率会增加。适度的噪声能够激发更高的创造力。尽管在理论上，没有窗户、颜色单调的会议室里也能产生突破性的见解，但糟糕的视听系统，加上嘈杂的环境，很难使人们产生创新的观点。

适于关键会议的会场空间

关键会议的活动空间并不需要太多额外的东西，有合适的基本条件即可。我们把这样具备一些基本条件的会场称为"空壳式空间"，可以根据具体的会议目的和参会对象进行特别设计。

麻省理工的 20 号楼就是一个传奇般的空壳式空间。在"二战"期间，它最初作为军事研究的临时设施被设计出来，20 号楼一直没有官方的名称，但作为一座有 55 年历史的校园建筑，它享有备受推崇的地位。

有两个词语常被用来描述 20 号楼：实用、简朴。这座 3 层高、占地 2.3 万平方米的建筑非常坚固且通风良好，但并没有什么配套设施，其整个结构由木头构成，地面是混凝土浇制的地板，到处都是廉价的可移动的墙体。整栋建筑没有太多建筑细节或华丽的艺术造型。

整座建筑非常普通，但这里面产生过的真知灼见却非同一般。作为学校许多实验和跨学科项目的中心，20 号楼是核物理、电磁学、语言学、食品技术等更多领域里许多突破性成就的发源地。这里走出过 9 位诺贝尔奖得主，不计其数的科技公司在这里诞生，比如美国数字设备公司（DEC）和博士音响公司（Bose Acoustics）。20 号楼甚至得到一个昵称：神奇孵化器。

是什么原因使得 20 号楼如此富有创造性？麻省理工有很多设施更好的建筑，但都没有它有名气。依据现有的记载，两个主要的因素成就了这座建筑。首先就是它的灵活性和适用性。因为建筑本身是"临时性"的，人们可以根据需要随意改变它的空间。他们可以在需要的任何地方搭线，把墙体四处移动，展示手工作品——充满智慧和个性的创作——这些点燃了人们创造的激情。其次，这座建筑有宽敞的大厅、布置恰当的公共区域，这些鼓励人们进行自然的交流和思想火花的碰撞。

当你寻找自己的空壳式空间的时候，一定要借鉴 20 号楼的经验。首要的一点是，确保最基本的要素，包括可以根据需要进行改变的灵活性。

当然，具有其他的特点也很好，比如，美丽的自然风光，户外休息的空间，由树木、石头这样的自然物质构成的场地，令人精神振奋的色彩设计，以及方便的卫生间等。我们的"关键会议场地基本要素"列出了说明，请相信我们，在一个地方很难找到所有要素。有的时候，为了创建一个不错的空壳式空间，我们可以不去考虑酒店和写字楼那些常规的配套设施。我们在各种各样的场地组织过关键会议：学校、艺术画廊、夜总会、体育馆、剧场，甚至马来西亚的修道院。

―――――― 关键会议场地基本要素 ――――――

以下是适合关键会议的场地要素清单。

选择的房间

- 面积：不要太拥挤，也不要太宽敞。
- 形状：在房间里，大家能互相看到。
- 空间：既适合全体人员进行讨论，也适合作分组讨论（也许在不同的房间，也许在一个大房间），有充足的开放空间。
- 窗户：阳光可以照进来。

适应性

- 家具：可移动，可根据需要迅速改变位置。
- 支持书写的设施：参会人员有充足的地方写字，可以信手涂画和记录想法。
- 平整的墙面：有足够的空间布置海报、时间表、模板或其他的可视化材料。

舒适性

- 座位：舒适透气。
- 房间温度：可控并设置合理。
- 听觉效果（音响）：每个人都能听清，没有干扰的噪声。
- 最小的视觉干扰：没有视觉上的过度干扰，如会让人产生迷幻感觉的地毯、糟糕的艺术品、凌乱的储物空间或繁忙的交通等。

下一步，设计你的空间

一旦找到了你的空壳式空间，你肯定想按照你的目的设计它。通常

情况下，这意味着需要一个指导主题帮助你作出相匹配的选择。

还记得安利的那些人吗？特拉夫特和她的团队有一次难得的机会把不同的管理团队会集起来，讨论一些关于全球网络经销商未来需求的大问题。来自不同部门的几十家公司的管理者从 4 个大洲飞到芝加哥参加为期两天的会议。在会议筹备过程中，团队在 20 个趋势领域进行了调研——从城市化进程到新兴市场的兴起，再到女性地位的改变。团队清楚这些内容的繁杂性很容易让参会人员不知所措，他们也担心很多人能否费力地把厚厚的会议资料看完。

于是，团队在会议一开始就让参会人员进入"现场预习"环节。那3 个不同功能的空间就都派上用场了——咖啡厅、放映厅和手工工作室。

特拉夫特的团队把参会人员分成了 3 组，每组 8 个人，并给每组指定一个活动区域。咖啡厅被布置成当地咖啡馆的感觉，参会人员和 3 位邀请来的专家在这里闲聊社会经济的变化。（全员大会也被安排在这里举行，便于大家进行交流。）在放映厅里，参会人员坐在舒适的座椅上，观看令人兴奋的有关新兴商业模式的 TED 视频。而在手工工作室内，参会人员聚拢在一张放着剪刀和胶棒的工作台旁，用精心挑选的文章和图片创作主题拼贴。安利公司的团队采用了 3 种空间格局来布置他们的会场。这样的安排使得会议内容更具吸引力！

当然，你不总是拥有这种可以自由处理（全权委托权）的空间和权力，但即使条件有限，也要保证有创造力。

戈尔韦·汤普金，根斯勒建筑咨询公司（Gensler）的负责人，曾经有一位客户向他提出强烈的要求：在 4 小时内帮助其公司对一个新的写字楼群一个月的估值项目作出规划决策。

根本没有商讨的时间，还有很多未做的事情，根斯勒团队迅速找到解决这个问题的方法。他们把会议定性为"黑白分明的会议"，以杜绝所有模棱两可的决定。会议的日程安排有点咄咄逼人且非常严格，参会人员被要求积极辩论每个要点，进行投票，再进入下个内容。为了强调每个要点，团队把所有的预读材料、会议材料和会议房间都设计成黑色与白色。沟通团队在会议当天的着装只能是黑色与白色。这种双色主题的设计突出了会议有效决策的特色，这种带有幽默感的设计缓解了会议的压力感。

有些时候，打造你的空间意味着完全离开你原来的空间。我们的同事埃蒙·凯利曾经负责帮助一支销售队伍的管理者在境遇不佳的时候为转型寻求出路。数年来，这家公司的畅销产品几乎垄断了市场，高额利润随之而来。但当产品的专利权过期的时候，销售团队陷入了残酷的竞争当中。

为了帮助销售团队领悟这一新的现实，凯利决定把销售团队带出他们平时的工作场所，这种做法起到了很好的作用，并且具有象征意义。他带领这个团队进行了一次学习之旅。这次旅程分 8 个地点，每处的经历都对他们当前的处境有所启示。第四个地点是一家赌场，销售团队的主管们走出公交车，很快发现他们置身于魔法扑克艺术课堂，迎接他们的是扑克玩手、大明星咪咪·罗杰斯。

罗杰斯让他们体会到了什么是突然间加剧的竞争感觉。"她向他们展示，当玩牌人数增加的时候，扑克牌桌上的情况完全发生了变化，"凯利说道，"当玩牌人数越来越多的时候，赢牌的几率发生了极大的变化，所以你的玩牌策略和虚张声势的行为也需要顺势改变。"这个启示是他们发自内心一致认同的——团队成员们很快心领神会。

安排关键会议的会场时，你要清楚人们的要求变得越来越复杂——人们对所处的环境要求很苛刻。（想想在过去的数十年中，有多少餐厅、度假区和购物中心已经发生了改变。）这股对物理环境不断提高期盼的

浪潮已经影响到我们的商务会议。我们发现，会议组织者和参与者越来越抵触毫无生气、太过寻常的会议场所，而这些场所仍然是商务会议的主导。组织者或参会人员将不会考虑在这样枯燥的场所内举行重要的关键会议，这个时刻迟早会到来。

关键做法 2
创造视觉效果

人们都是天生的视觉思考者。研究表明：在人类学习和记忆方面，视觉远胜过其他感觉，这种现象被称为图片优势效应。"文本和口头展示形式在保留特定的信息类型方面比图片形式效率低，可以说，它们远比图片形式缺乏效率，"认知科学家约翰·梅迪纳在他的著作《大脑规则》中写道，"如果信息以口头方式展示出来，72 小时后再测试一下，人们只能记住 10%的信息。如果加上图片效果，那么这个数字将会变为 65%。"

资深的关键会议专家总会寻找机会为参会人员带来视觉体验。好的视觉体验能够在很大程度上减少人们在获得见解和达成共识上所花费的时间。然而，通常情况下，可视化材料没有发挥它们的优势作用或被糟糕地使用，或者两者兼有。要发挥可视化材料的全部优势作用需要更多的思考和努力，而绝不是简单的几幅剪贴画的拼凑。

对于关键会议来说，你至少应该考虑 6 种可视化要素，我们把它们列在下面的工具栏中。我们知道的每次有效的关键会议几乎都涵盖这些要素的一些组合。关键的问题是我们需要认真思考使用哪些组合：使用的地点、时间、原因和方式。

--------- 关键会议中的可视化要素 ---------

资深战略专家在其关键会议中经常采用的可视化要素，按照从固定（预先设计好）的到自然发生（现场设计的）的顺序排列如下。

- 准备好材料：所有为会议贴上可视化标签的提前准备好的材料，如幻灯片、宣传画、印刷品或时间表等。
- 过程模版：帮助参会人员熟悉一系列步骤的工作表或模版。
- 框架结构：促进结构化研讨，把个人问题和更大挑战联系起来的可视化模式，简单的如时间表，复杂的如系统框图等。
- 原型：把想法或方案用草图或其他手工方法制作出来，可以是很粗糙的，也可以是很精确的，可以预先准备好或现场制作。
- 现场制作：活动挂图、图示记录、照片、数字界面（如链接到维基），这些能帮助我们在现场获取和安排内容。
- 即兴草图：任何用于现场探索和构建观点的可视化界面，如思维导图、涂鸦或涂鸦墙等。

即时共睹的力量

可视化效果不仅令人难忘，而且还能通过使想法具体化来帮助人们更好地进行合作。因为关键会议要解决那些没有现成答案、错综复杂的调试性挑战的难题，所以通常情况下很难清楚从哪里及如何开始解决问题。这时，巧妙地使用可视化材料是帮助团队切入问题和取得进展的一种最佳方式。

我们在上一章讨论过，现代战略思维的历史可以追溯到一系列"深入人心"的视觉结构。波士顿公司的增长占有率矩阵、波特五力分析模型、麦肯锡公司的三层增长模型，都能被很快概述出来，应用到当前的

情境中，并且和他人进行分享。

拿丰田金融服务公司的例子来说，我们采用商业模式画布（Business Model Generation Canvas）和它的 9 个关键要素来设计一种商业模式。实际上，这张"画布"看起来更像一张拼图，它展示出这些要素如何相互依存，构成一个完整的体系。在某种意义上，你可以使用这张"画布"创作你自己的作品——新的商业模式。

对于一个团队来说，让各个部门的主管讨论像商业模式这样复杂的事情是一件很困难的事情，因为商业模式包括不同的要素：成本构成、目标客户、销售渠道、收益流。这张"画布"的神奇力量就在于它能让人们清楚地解释他们的观点并把这些观点联系起来。如果没有这样一张图，大多数团队的沟通就会缺乏目的性，陷入多如牛毛的话题讨论中，哪个问题都不能解决好。

"在过去 3 年里，我最大的感受就是，这些可视化材料不只是锦上添花的东西，"《商业模式新生代》的合著者亚历山大·奥斯瓦尔德说道，"它们更是关键会议中发挥作用的核心原因——它们勾勒出一种商业模式的运作过程并把它解释给人们。在研讨会上，我总能发现人们使用和不使用可视化工具时候的差异。"

在关键会议中，另一个创造视觉效果的工具是图示记录——绘制出会上讨论的关键要点，方便人们直观阅读。如果做得好，这种视觉捕捉能比幕后的单纯记录产生更大的益处。参会人员得到他们所听内容的直观、即刻的反馈，这种方式能够降低压力感，使得参会人员更易接受他人的观点。要点和见解以可视化形式呈现在人们面前，人们很容易记住它们。大多数图示记录工具的手绘风格也颇为人性化，这样一来，会议给人更随意和闲适的感觉。通常，会议上的图示记录能够继续发挥作用，引发后续的对话火花，这些几乎是行政摘要和其他报告不能做到的。

"这种方式非常吸引人，你很容易入戏。"格蕾琴·克沙依德勒评价道，他是赫曼米勒公司（Herman Miller）发现与探索部门的主管，这家工作场所设计公司经常在关键会议活动中使用图示记录。"我使用图示记录为那些没有参加研讨活动的人介绍会议基本情况，尤其是公司那些来自其他国家分部的人，"克沙依德勒说，"这些可视化材料让人们感觉犹如亲临当天的活动，而不是光听我的口头介绍。"

丹·罗姆——写出《餐巾纸的背面》等著作的畅销书作家——经常帮助企业在困难的挑战里寻找出路，他把自己的方法称为餐巾纸方式。"这个概念的意思是，如果思考不禁锢在我的头脑里，那么思考会变得不同，"罗姆说，"它成了我们之间的一件事情。把它体现在图片上，在某种程度上，它变得真实了，这促使我们能够更清晰地思考问题。"

他的方法和许多可视化方法一样，利用了分布式认知理论的概念，这一理论认为，团队的思维过程和团队中每个个体成员的思维过程有着明显的不同。当人们的想法呈现在可视化界面上时，关键会议变得更加真实，从而更加有效。

新全球化工作场所—— 一个 5 日项目

也许你并不关心工作场所设计这个话题，但对大多数企业来说，它是一项非常重要的工作。在大多数业务预算中，不动产和相关的成本都是主要的项目。一间办公室的布置方式能在很大程度上影响员工的生产力和赢利情况。一个工作场所的环境能在很大程度上界定或损害一家公司在客户、合作伙伴和员工眼中的形象。人们办公位置和便利设施的布置安排能够产生惊人的影响作用。毕竟，许多人一天当中有一大半时间是在办公室里度过的。

根斯勒建筑咨询公司帮助各种企业解决这些难题。几年前，一家全

球性的制造公司交给根斯勒建筑咨询公司一项工作，这几乎是一项不可能完成的任务：制定全球化工作场所规划指南，指南服务于上万名不同市场和不同文化背景的员工，而且要在为期 5 天的会议里完成大多数任务。参会人员包括主要区域经理和技术、人力资源、品牌方面的专家。

根斯勒建筑咨询公司的很多工作聚焦于工作空间和生产力的关系上，他们为此打造了完美的空壳式空间：开放的、空气流通的房间，天然的砖材，充足的日照，大量可以利用的墙面空间。然而，这次会议真正与众不同的地方是，他们把视觉思维引入项目中。

这次计划由大名鼎鼎的"黑白分明会议"的设计者戈尔韦·汤普金主导完成。汤普金和他的团队认为要在 5 天内取得实质性的进展，唯一的办法就是采用快速建立原型的方式。他们为此次会议选择的是工作坊（ Charrette ），这个术语可以追溯到 19 世纪巴黎的国立美术学院（ the Ecole des Beaux-Arts ），它在法语中的意思是"马车"，指在严格的截止日期压力下，通过快速重复的工作创造艺术的方法。（当"马车"到了学生的位置，交付时间就到了。）在工作坊中，他们同时完成两项工作：一套书面政策指南和配套的图示说明。汤普金介绍说，在这个项目过程中，"我们不断地反复使用这些词语，用图像和图表来表达和分享我们的理念"。

在任何长时间的会议中，人的精力是起伏变化的。会议前两天用来形成核心原则和其他基本的理解。到周三的时候，许多问题需要进一步理解，再加上周五截止日期的逼近，许多参会人员开始怀疑会议能否得出一个结果，并且开始担忧回去后的工作汇报。

就在这个时刻，汤普金的绘图板发挥了作用，从锦上添花变成必需品。当团队在一个问题上缺乏清晰的认识或没有达成共识而倍感沮丧的时候，汤普金就通过一系列速写稿让大家看到最基本的现实问题。如果参会人员难以理解某个规划或决定在实践中如何发挥作用，汤普金总会倾听这些担忧，然后迅速拿出笔，为地处德国、日本、巴西和印度的公司详细解释提议，以图画的方式为其提供实践指南。

"我就是把这些画出来，和团队一起研究，问他们'这是你们说的那个吗'，直到画出他们想法中认可的那个图像。"汤普金回忆道。因为他画的速度非常快，所以图像不一定很清晰——但这已经非常好了。通过这样的方式，参会人员一起解决了大多数问题，并对一套政策达成了共识，这一政策实现了全球性和连贯性与地区性和灵活性之间的平衡。

如果没有这次视觉效果丰富的、面对面沟通的关键会议，那么团队的后续行动也就无从谈起。如果只是通过邮件和电话会议的方式，要达到几乎同样的共识结果是不可能的——尤其在短短 5 天之内。如果没有这些可视化材料的支持，可能大家会晤一周后也能达成"高度的共识"，但当他们打道回府后，也就不了了之了。这些可视化图像使参会人员真正明白了那些集思广益的观点，这种方式促进了沟通后行动的开展。

关键做法 3
关注细节

假如你不幸进了监狱，但得到一次可以假释的机会，那么你最好尽力使你的听证会安排在上午的第一个或午餐后的第一个。也许你的自由完全倚仗时间上的合理安排了。这是来自哥伦比亚大学和本·古里安大学的研究团队的发现。

研究团队对 2009 年以色列的 1 112 次假释听证会进行了统计分析，得出了惊人的结果。平均而言，一名假释犯获得假释的机会从上午第一个案子的 65% 逐步下降到午餐前接近 0。午餐后，这个概率又重新回到

65%，然后再一次逐步下降（如果在午后时段有短暂的休息，那么之后这一比例还会上升些）。如果你的假释听证会恰好在上午 9:00 点或下午 1:00 点进行，那么你获得自由的机会是 2:1。但如果你的案子排在上午 11:45 或下午 4:45，那么你基本就假释无望了。

在对大量样本进行研究的基础上，研究人员检验每种可能的解释——歧视、案件的复杂性，等等。他们只找到一个看似合理的解释：长时间不休息、不进食，法官们疲劳至极，情绪急躁，这种情绪影响他们的判断。这个研究结果并不局限于以色列的法官们。研究者指出，这项研究测量了一个基本的生物学和心理学上的影响（人们熟知的"精神损耗"），任何人在长时间的决策过程中都会出现这种反应。

虽然媒体抨击这些研究发现的意义，但是参加关键会议的人都会有这些反应，这并没有什么可惊讶的。我们都见过这些会议安排上的细节能够改变参会人员的情绪和行为，进而改变会议结果的情形，比如，参会人员最近的一次进餐或休息情况。对以色列法官的研究证明了细节的重要作用。

案例：有益的"关注细节强迫症"

对细节的重视是所有重大规划的质量保证——无论是宝马公司零部件的组装、伟大的百老汇作品，还是巴黎圣母院的精细设计。苹果公司的斯蒂夫·乔布斯关注苹果系统的各个细节，他对细节的坚持为人称道：设备、软件界面、零售经验——所有这些都是漂亮的、和谐的、连贯的。关键会议的设计者也是如此。他们很清楚小细节的大作用，所以他们为此深思熟虑，总是寻找机会降低风险，提高参会人员的会议体验。

任何会议都面临的一个主要风险就是参会人员注意力的分散。虽然关键会议与假释听证会没有可比性，但是两者在一个重要的方面是相似的：大多数人都感觉到体力和精神上的疲劳。关键会议需要长时间聚焦的注意力——这在我们这个活动频繁的多重任务时代可是个稀罕物，人们总是能为自己分散的注意力找到各种借口。

这是你想努力避免的情景。一位重要的参会人员忘了带笔，于是她离开会议房间去找笔。一离开房间，她抽空瞄了眼智能手机，发现有人想和她聊两句，于是她决定打个"快速"的电话，之后她又感觉需要去一趟卫生间，然后……等你发现的时候，她已经离开半小时了，回来后她已经不太清楚会议的进展了。这一切都是因为手头没有笔。

我们知道的最常见的分散注意力的现象之一是午餐服务时间，它通常安排在午休之前的 11:30。如果食物放在参会人员在会场就能看见的地方——尤其当它们冒着热气，飘散着香味时——我们几乎可以肯定地说，一半的参会人员会开小差，他们的注意力转移到午餐上去了。如果这样的小事情不能引起你足够的重视，那么你就浪费了可能产生创造力的半小时时间。

资深的规划师一定要排除所有的干扰因素。这就意味着需要提前达到会场，对你平常认为微不足道的小事进行如同强迫症行为一样的仔细检查。这也意味着需要确保所有设备和装置都安装到位；房间温度适宜；办公家具舒适；附近的噪声级别控制到最低；在合理的时间与地点提供食物。

但关注小细节并不仅仅是管理风险。正如我们前面讨论过的，关键会议会让参会人员感觉不适。会议议题是复杂的，有些时候甚至具有威胁性。参会人员需要在这种政治色彩浓厚的环境下立刻表达意见和态度。所以说，要想得到会议的最佳结果，你需要采取措施降低这些令人不适的因素的干扰。

选择一个景色优美、舒适惬意的场所或某种恰当的小礼物都会让你

邀请的参会人员感觉舒适。但你能利用的最有力的工具是美食。在关键会议中，参会人员通常会饥肠辘辘——大量的脑力工作也是消耗体力的，而且人们在长时间的封闭状态下容易烦躁。结果是，与参加其他类型的会议相比，人们需要补充更多的能量，这就使得餐点安排变得更加重要。

我们完全可以用一章的篇幅来讨论美食问题，但在这里我们只提供一条建议：想办法让参会人员饱餐美食，而不是提供那些简单的碳水化合物成分的"寻常食物"，如意大利面或甜品。简单的碳水化合物食品是关键会议活动的大敌，因为这些食物含糖量高，容易使人疲劳，从而消耗参会人员的精力。在选择菜单的时候，设法精心准备那些能够提高参会人员精神的食物。

细节带来惊喜

既然不可能考虑到每个小细节，那么你就需要仔细思考在布置会场时哪些细节更为重要。在根斯勒公司的关键会议活动中，会议筹备团队制作了一张大海报，上面清晰地列出了 5 日活动的议程安排，这样一来，参会人员就很清楚整个会议的日程安排了。会议筹备团队还设计了真人大小的纸板图样，勾勒出那些不在会议现场的重要人物的形象。他们还编辑了一张音乐唱片——糅合了快节奏的电子乐和波萨诺瓦曲调——音乐营造了锐意进取的氛围，同时也作为项目活动中示意休息的"声音幕帘"。

安利团队注意到了不同的细节。（除了办公家具）他们在咖啡论坛活动中使用黑板记录大家的看法——就好像这上面写的是浓缩咖啡单目一样。他们给所有的会议材料设计了识别标志（如展望未来），通过这样的设计使不同的体验环节连贯起来。他们提供带有会议标识的咖啡杯，参会人员把它作为会议的纪念品带回家。

在关注细节的时候，你要确保构成会议环境的所有元素与会议目标和整体规划保持一致。细节做好了，而且参会人员也注意到了这些细节——通常在潜意识下——能够在某种程度上提高参会人员的积极性和自信心。如果因为忽略细节而把事情搞得一团糟，参会人员也会注意到这样的情况——这会在某种程度上降低参会人员对组织者和会议过程的信任感。

别找借口：为参会体验承担个人的责任

我们发现，本章中的某些案例给人"不太实用"的感觉。不是人人都能拥有一个敬业的特别活动小组来仔细关注每个细节（就像安利公司的团队），或拥有工作认真的视觉设计人才（就像根斯勒公司的团队），或拥有聘请明星扑克牌导师的大笔预算。

不过，没关系。无论什么空间、什么样的预算，你都可以通过很多小事情完成关键会议场所的布置。为了激发创造力而播放一些令人兴奋的视频，把一些客户的看法穿插在视频或音频评论当中，或者带参会人员在附近的公园来一次散步式休息，这些都花不了多少钱。当你像制片人和主持人那样思考的时候，你会发现很多这样"既便宜又令人愉悦"的选择。

有的时候，你不得不布置一个很不理想的场所。如果是这样的话，想办法因地制宜。

伯尼·贾沃斯基是克莱蒙特研究生院的教师（彼得·德鲁克管理学院的教授），他组织过一次关键会议，当他来到会场的时候，发现这是一间没有窗户，好像"保龄球馆"一样的房间。屋子又长又窄，按照常规的方式无论怎样安排，坐在桌子这端的人都看不见或听不到另一端的

人。

　　小声抱怨了几句后，贾沃斯基开始了他的工作。他把桌子推到一边，把椅子摆成犹如剧场舞台坐席三面包围的样子，中间留出空间，在这里，讲话者和工作人员能够轮番"登台"。仅几分钟的时间，也没花一分钱，他就把一间容易让人分散注意力的房间变成了不错的对话场所。只是重新布置了这些办公家具，贾沃斯基的行动体现出了主持人和制片人所秉持的精神，为团队的体验履行个人的责任。

　　布置好会场需要大量的工作。它值得我们付出所有努力吗？安利公司的达茜·特拉夫特对此确信不疑。"在一天会议结束的时候，"她说，"我更愿意大家谈论的是安利公司和我们的战略，而不是抱怨不如意的会议服务，如我的椅子糟糕极了，房间没有窗户。"

　　18 个月后再回忆这段经历，特拉夫特说，安利公司的人还在谈论那次芝加哥会议。"我们在一起谈论商业所有权的未来，共同思考我们全球销售队伍的十年规划，"她说道，"但会议结束后，我们发现了公司所有业务存在的主要问题，这个发现有助于我们现在为公司的长期战略进行方向定位。"

Moments of Impact

第 6 章
创造参会体验

恕我直言，你的记忆力糟透了。不过没关系，我们也一样。众所周知，人的记忆力是有缺陷的。经过严格的测试，现场目击经常被证明是极度不可靠的，即使我们非常确信的事情。哈佛大学心理学家丹尼尔·夏克特在《记忆七宗罪》一书中解释了记忆力的几个关键方面是如何具有积极特质，同时又存在缺陷的。人们在做像开车和洗碗这样需要极少注意力的机械工作时，大脑就进入自动导航模式的能力，就是重要的积极特质（或缺陷）。

自动导航模式非常厉害。因为有了它，我们能够执行多个任务，并且在同一时间完成多项工作。它能够帮助我们对各种事物按照轻重缓急进行处理，如果没有自动导航模式，我们就得全身心投入我们所做的每件事。不过，它也有不利的一面：当我们的大脑处于自动导航模式时，我们很容易错过重要的事情。

设想你正在屋子里忙着做家务，忽然间就找不到眼镜了。其实，当你放下眼镜的时候，你的大脑正处于自动导航模式，你并不知道你把它放在哪里了。用专业术语来说，当你把眼镜放下的时候，你并没有在大脑里编码这一信息。你不可能找到你一开始就不知道放在哪里的东西。

这为什么和关键会议有关系呢？因为我们每天有很长时间处于自动导航模式——在常规会议上，我们就是这样的状态。一间熟悉的会议室里挤满了带着无数幻灯片的同事们，这就像在给我们的大脑发出走神的邀请。我们身在曹营心在汉，常规会议的任何时候，即使不是大多数时间，也一定有一些人走神了。

快速想一下：两个月以前的今天，你午饭吃的什么？如果你能回忆起来，我们会很惊讶。再想一下，你上次参加的常规会议的 3 个要点是什么？根据上次会议时间的远近程度，你可能更容易回答这个问题。我们听过不少人艰难地描述重要会议的内容，即使会议就发生在几天之前。

如果在战略性会议举行几周之后就没有人记住它的主要内容了，那么它真的发生过吗？我们认为畅想组织未来的战略性会议应当比你的午饭更令人难忘。我们听到的最常见的抱怨大概就是战略性会议会议缺乏跟进，但人们怎么能对他们几乎不记得的事情采取行动呢？

议程并不是体验

正如我们讨论过的，多数人将关键会议视为一次重要的会议而非独特的会议类型。他们一般从两个方面考虑会议的议程。

第一，把相关内容系统地进行处理。从这方面来说，安排议程就是将所有需要处理的话题进行确定并先后处理的过程。然而，遇到调适性挑战时，例如，一种令人费解的商业模式的衰退，这种方式就会作出一个危险的假设。它假设，如果按照逻辑顺序使用最佳数据和工具解决这些问题，你就会得到答案。它还假设，你可以通过调试性挑战逐步分析你的方法。但是，这些挑战并不适用于技术性的解决方案。它们更像难解的谜语，而不是复杂的数学问题。

第二，协调内部利益。关键会议涉及参会人员之间大量的职场竞争，即使竞争方式是温和的。在准备重要会议时，会议组织者会提前花费很多时间分析这些动态因素，以便在会议期间有效应对。议程不可避免地会反映出不同利益间的妥协——用半小时讨论鲍勃喜欢的话题，再用一小时讨论珍妮特喜欢的话题，等等。

这些方式都很重要。每次关键会议都需要对相关内容充分理解，但过多地关注数据和幻灯片会降低你与团队的沟通能力。你还需要专注于个人和团队在会上的动态反应，而过多地关注个人的反应只会产生表面但毫无突破性的妥协方案。

在安排关键会议的议程时，你的首要任务应当是营造强大的共享参

会体验。这样，你就能在会议内容和参会人员之间找到平衡。

关注体验听起来可能是违反直觉的。很多人认为体验就是锦上添花的东西，例如，以愉快的晚餐开始一个会议，找到很棒的开会场所，或者确保会议材料的漂亮可观性。但是，关键会议的体验意义远不只这些。它意味着把会议当成智慧的体验，同时也是心灵和情感的旅程。

在第 1 章中，我们分享了皮埃尔·瓦克意识到他必须了解壳牌公司经理们的思维才能发挥关键会议作用的故事。在本章中，我们发展了瓦克的见解：你也需要了解他们的内心。达到这一目的的最好方式就是创造参会体验。

下面，我们简单介绍两场因为参会人员的体验而产生影响的关键会议。在这两种情况下，假设你负责设计一次为期两天的建立理解的关键会议。

▶ 情景 1：一家大型软件公司展望移动互联网的未来情景。

财捷集团（Intuit）是为小企业提供会计软件的领导企业之一，2012年时，其收入已达约 40 亿美元。2010 年，公司管理者意识到他们并没有为当下流行的，如智能手机和平板电脑这些移动互联网平台提供足够的软件应用程序。转型是必然的，但移动互联网平台在现今产品分类中没有一个实质归属——的确，他们可以被视为在争夺投资资源。创始人斯科特·库克和 CEO 布拉德·史密斯决定组织一次关键会议，由公司的 18 位高管共同商讨如何应对更强大的移动互联网业务的需求，并且寻找解决方案。

▶ 情景 2：应对天主教教职类修道会的会员减少问题。

德拉萨尔基督教兄弟会（The De La Salle Christian Brothers）是天主教会的第二大教职类修道会（第一是耶稣会），有大约 6 000

名宣誓的修士在 60 多个国家的数百所学校、学院和大学里任教。和其他修道会一样，兄弟会的会员逐年减少，新会员不足以填补那些退休或去世的人员的空缺。2002 年，澳大利亚、新西兰和巴布亚新几内亚区域的管理者们一起商讨如何应对这一事实。几十个学校的未来岌岌可危——其中，很多学校致力于为不幸的孩子提供学习的机会。管理者们要在两天内明确目标，并且确保兄弟会会员的减少不会危及这些重要工作。

你会怎么处理这些会议？什么样的体验能够帮助这些组织向前发展？我们将很快回到这些案例的讨论中。

关键做法 1
鼓励探索，而非灌输

我们听到的关于会议最大的抱怨之一，就是坐在那里听演讲者讲述他们的幻灯片，我们花费了太多时间。研究表明，人们对从报告中获得学习有着很强的认知免疫力，即使这是他们想要学习的东西。所以，我们为什么要在这上面花这么多时间呢？

一部分原因在于我们的习惯和传统。在你进入职业生涯之前，从小学生到研究生阶段，你已经花费了上千小时在学校里听讲座。可这仍然是现今教育的主要模式：让人们坐下来，睁开眼睛，竖起耳朵，然后灌输信息和知识。

这一传统方式正在遭受先进教育家的猛烈抨击，其中最著名的是在英属哥伦比亚大学授课的诺贝尔物理学奖获得者卡尔·威曼。多年来，威曼一直劝说他的同事在科学教学中采用科学研究的方法。他吃惊地发

现，尽管关于人们如何学习的问题在科技和知识上有了显著收获，但主要的教学方式仍然是台上单向的"智者的授课"。

威曼和他的同事针对学生从讲课中吸收信息的能力进行了严格的研究，但结果始终不尽如人意。研究表明，即使课程刚结束，学生对课上的内容也几乎什么都不记得了。他们就像刚从《美丽心灵的永恒时光》的放映室中走出来，还在揉搓着眼睛。灌输式教学法如此不注重信息交流，以至于很多大学生在学期末时对物理基本概念的理解还不如学期初时。值得一提的是，这些还都是名校的好学生。

灌输式教学法不能奏效有两方面的原因：第一，它给听课者超量灌输了大脑一次性所能够处理的信息；第二，听课者处于被动状态。威曼把现今这种方式的持续使用比作放血术在中世纪的医学实践。相比之下，一次次的研究发现，体验式学习——在些许指导下，使人们自己发现关键的见解和概念——才是有效果的。

马里兰大学物理学教授乔·雷迪什为了帮助学生学习牛顿运动第二定律，让两个重量不同的球在同一时间从二楼窗户坠落。直觉告诉我们，重的那个球先落地，但牛顿定律告诉我们这是错误的。当两个球同时落地时，牛顿定律就深深印在了我们脑海里，即使在我们将公式淡忘之后也挥之不去。通过这样生动的体验学到的知识是很难忘却的。

演示说明不奏效，体验式学习则不同。然而，目前在大部分高风险策略讨论中，信息共享的"最佳"方式与大学里的授课是相同的，即向被动的听众进行幻灯片演示。你最近一次参加的幻灯片演示的 3 个要点是什么？你还记得主题吗？

迎接移动未来：财捷公司的案例

让我们回到财捷公司的案例和它遇到的难题。在 2010 年，移动互联网平台行业快速地发展——比财捷公司的发展稍快一步。这一转型为公司打开许多机遇之门的同时，也对公司构成了潜在威胁。财捷公司如果在转型面前踌躇太久，某市场份额就会让资金充足、发展迅速的新创企业夺走。但是，这些平台在市场上还没有赢利，因此至少在短期内这一转型显得昂贵且充满风险。

风险很大，参会人员的动机又是多样的，因此仅仅为他们讲述主流趋势的近期数据可能不会引起他们的共识和行动。假设你有两天宝贵的时间与公司的 18 位高管相处，你会怎么做？

假设你是财捷公司规划创新组的副主管卡伦·汉森，你开始设想怎么营造一次强大的学习体验，这一体验会使经常听说移动互联生活方式却并非每天都生活在其中的高管们真正切身体会到这一问题。

汉森和她的团队设计了一个为期两天的沉浸式项目，其中包括许多熟悉的元素。会议以公司领导设置战略背景为开端，随后是关于移动互联网趋势的演讲，以及来自已经完成向移动互联网平台转型的公司的高管的莅临参观。此外，一些真实的"移动优先"的客户——已经将手机作为他们主要业务平台的企业家们——也以小组的形式来访，与高管进行交流。

但这次会议真正具有影响力的时刻——真正使其令人难忘的事——发生在会议室之外。

为此投入很多精力的财捷公司的设计总监约瑟夫·欧·沙利文认为，团队很清楚这个项目需要包括关于新兴移动未来的感官体验，而不仅仅是新型移动功能的演示。欧·沙利文说："我们希望把参会人员安排在一个有一定压力的环境里，他们必须利用手机的各个功能完成某件事。"

在考虑了多个选择之后，团队决定利用旧金山南部的海滨小镇、这次会议的举办地——半月湾大街——作为他们的游戏地点，设计一个寻

宝游戏。参与者被分为 5 组，配有定制的苹果和安卓手机以追踪隐藏的线索，每组的路线相似而顺序不同。随后，他们被送出酒店去寻找自己的路线。

90 分钟里，各小组奔走在小镇上，追寻他们的线索。他们运用军事全球定位系统应用软件定位到了藏于一堆灌木丛中的藏宝点，运用翻译应用软件翻译了西班牙文线索。在一个面包房，他们利用美食指南应用软件上传了不同菜品的图片，用于寻找藏在某个评论里的下一条线索。在一个酒吧里，他们用瑞德拉斯特应用软件扫描标签、阅读评论并发表自己的评论。一路上，他们登录各种应用软件与其他小组交换评论。

沙利文说："我们的目的是打破传统框架，明确手机不仅仅是手机这么简单。"在这快速连续的进程中，参会人员将他们的手机用作全球定位系统装置、照相机、信用卡、条形码扫描器、记录装置和语言翻译程序——这都是当时相对较新的功能。此外，这一寻找过程显示，通过移动互联网设备访问外部信息和进行社交能使人们熟悉的活动变得丰多彩，例如，享用一杯葡萄酒。

友好竞争使得寻宝游戏变得趣味盎然，因为每组都想争先完成游戏，尽管他们知道可以慢慢来。汉森回忆说："他们的竞争激烈得令人难以置信。"但他们都受到了启发。"但他们汇报时，人人都很激动，一直说着'哇，我都没想过我的手机可以做这些事情！'"

欧·沙利文回忆说："让他们走出酒店，进入城市，在真实环境中使用手机，这是起催化作用的时刻。你可以将你的演示文稿变得更加智能，但以这种方式使用应用软件是理解未来就在眼前的关键。即使自认为最了解移动互联网业务而对此腻烦的人，也会获得新的感悟。"

没有多少公司会让他们的高管去做寻宝游戏，以此作为应对重要战略问题的一种方式。如果市场主管认为这个活动不重要呢？如果财务总监从这个活动回来之后恼怒多过激励呢？

这就需要准备。汉森说："我们一直测试这些体验，直到我们认为它能可靠地实现我们的初衷。"他还补充道，团队在确定这个寻宝游戏之前大约反复试验过 10 次。在游戏当天，由一组谨慎、负责的后勤人员确认一切都在计划之中。"对参与者来说，这是神奇的体验；对我们来说，这只是努力工作。"

努力没有白费。在会议之后，公司领导大力支持与移动互联网技术相关的产品，推出一整套产品供小企业主开展工作——从移动支付方案到薪资管理再到纳税申报。在接下来的两年里，移动互联网产品的收入从微乎其微涨到每年 7000 万美元，CEO 布拉德·史密斯称这类产品会成为未来收入增长的主要来源。

许多因素促成了这个结果，但寻宝游戏是最令人难忘的因素之一。鉴于它的有效性和普及性，公司决定再次为 80 位高管组织这个项目，深化集团内对移动互联科技的这一共识。

从我们的研究和经验来看，旨在分享学习体验的会议比常规会议拥有更加强大的影响力。因此，为什么人们不以这种方式设计至关重要的关键会议呢？

"我想人们只是不习惯，"汉森说，"感觉它很有风险——万一行不通呢？然而一旦人们开始设计关键会议，就不再想回到以前的模式了。"

"惯性是宇宙中最强大的力量。如果你坐在房间里，对着一堆幻灯片，那你极少会出错。当然，事情也不会变得更好。"

关键做法 2
全身心投入

面对一个重要决定时，是严格地分析数据还是依靠直觉呢？

在基于数据的决策方面，有数不清的 MBA 课程和咨询人员随时准备基于严格分析而给出建议。而在根据直觉作决策方面，则有一些英雄式的领导者，从史蒂夫·乔布斯到杰克·韦尔奇，还有畅销书作者马尔科姆·格拉德韦尔，他的著作《决断 2 秒间》强调了即兴发挥的益处。

然而，这是一个错误的选择。仅凭数据作决策——即使这是可能的——也有导致分析瘫痪或作出"中看不中用"的决策的风险。同样，管理者们仅仅依靠他们的直觉而缺少现实支撑，这种想法也是可怕的。要在这个反复无常、复杂模糊的世界里寻找方向，管理者们最需要的就是认真思考。

这是一个能够追溯到古希腊时期的难题。很长一段时间，许多学者认为理性和感性是相互独立的系统，经常是对立的。但关于人的情感的科学研究虽然是一个相当新的领域，但在过去几十年里取得了显著的成果。虽然我们仍有未解之处，但是近年来研究者已经有了对关键会议具有启示意义的许多重大发现。

纯粹理性的非理性

神经系统科学家安东尼奥·达马西奥在他的《笛卡尔的错误：情绪、推理和人脑》一书中讲述了一个名叫埃利奥特的不寻常的病人通过切除脑中橙子大小的肿瘤的手术而活来下的故事。从外在看来，埃利奥特作为一个幸运的人逃过了一劫。除了对额叶的些许损伤，他的生理和心理能力并没有明显的损失。埃利奥特康复之后，他的可动性、记忆、语言能力和推理能力都是完好无损的。在训练有素的医疗专业人员看来，他的身体没有任何问题。

但在达马西奥遇到他的时候——那时他三十几岁，刚做完手术没几年——他离婚了，事业也毁了，关于工作和恋爱的尝试也糟糕透顶。现在，这个高学历且曾经事业有成的人变得穷困潦倒。

达马西奥的任务，是分析为什么在没有任何明显原因的情况下埃利奥特的生活会受到这样崩溃性的影响。如同任何优秀的科学家会做的一样，他对埃利奥特进行了一系列测试，包括智商、语言能力、记忆、人格障碍、空间定位、形式推理和道德判断。埃利奥特在所有测试中都表现正常，甚至是优秀的。达马西奥非常困惑：他已经找不出能难住这个人的认知或心理测试了。

最后，达马西奥获得了两个确定的观察结果。第一，从埃利奥特的所有报告可以看出，他所作出的一系列糟糕的决定使得他的生活支离破碎。他无法兑现对亲人和同事的承诺，相信了那些不该相信的人，做了看起来随意的决定。第二，虽然术后他的性格在其他方面没有变化，但有一个显著的差异：他的情感被磨平了。甚至在他叙述自己悲剧性的人生故事时，他也毫无生气，就像在讲述别人的故事。他明白发生了什么事，但他的悲剧并没有在他的情感上留下任何印记。

在对病人不幸的原因进行彻底的调查之后，达马西奥得出的结论是，埃利奥特情感感受能力的丧失严重影响了他的判断，以至于他无法作出正确的决定。虽然他的智力和理性完好无损——甚至高于平均水平——但是他无法再顺利地作出最简单的选择。

虽然无法将埃利奥特的生活扳回正轨，但在过去的几十年里，达马

西奥尝试着去理解情感和理性相互支持（或拖垮）对方的原因和方式。从那时起，也出现过其他类似埃利奥特的案例——脑损伤损害情感和做决定的能力的人。对很多人来说，影响是非常严重的，他们会对穿哪件衣服或中午吃什么这样小的选择无能为力。

科学家们仍在努力推断情感影响决策的准确机制。但毫无疑问，理性和情感深深交织在一起。即使我们能够将二者分离，结果也将是可怕的。

关键会议的情感设计

设计者们早就明白理性和情感是相互联系的。认知心理学家、设计理论家唐纳德·亚瑟·诺曼在他的经典著作《日常事物的设计》中阐释了伟大的产品、建筑或服务设计是怎样像完整的人一样吸引和愉悦它们的使用者的。

想想你最喜爱的一个物品，可以是你的车、一个工具、一件科技产品、一件衣服，甚至你的房子。你为什么喜欢它？原因可能是理性和情感的混合体。也许是一个户外烤肉架，你喜欢它圆滑的线条、始终提供恰到火候的方式和它带给你的家庭宴会的无尽回忆。虽然你能对这些因素分门别类，但是你对烤架的喜爱来自对它的全部体验。

最好的关键会议也是如此。它对你的理性和情感有着同样的需求，而不会让你从中作出选择。最常见的错误认识是，在重要会议中，我们应当摒除激情，因为不加抑制的情感会引发我们最差的本能，使我们形成各种偏见。但是，就算一屋子超级理性的斯波克*先生也无法解决调试性挑战。

---

* 斯波克是电视剧《星际迷航》中的人物。——译者注

在设计关键会议时，问一问自己，我们怎么才能更好地使参与者全身心投入其中？我们以怎样的方式来挖掘他们的理性和情感，从而作出更明智的决策和行动？

应对天主教教职类修道会会员减少的问题

德拉萨尔基督教兄弟会是天主教会最大的教职类修道会之一。他们经营着上百所学校，为 80 多个国家超过 1 000 所学校和其他机构的 90 多万名学生提供教育工作服务，特别倾向于为穷人服务。近 3 个世纪以来，兄弟会在世界范围内为不计其数的人提供了具有牢固道德和精神基础的素质教育。

但由于修道会的老龄化和新职业或新会员的长期持续的衰减，会员数量正在逐年减少。虽然"贫穷、贞洁和服从"的传统誓言像修道会的历史和使命一样具有吸引力，但是已经不再像过去一样吸引人了。

2002 年，基督教兄弟会澳大利亚、新西兰和巴布亚新几内亚（作为整个区域提及）区域（以下称为"三国区域"）的管理者亟须推出一个方案以延续他们工作的活力。那时，79 个尚在运营的兄弟会在三国区域的 18 所学校开展工作——他们中的许多人致力于帮助贫穷或陷入困境的孩子。

委婉地说，基督教修道会并不是一般的商业组织。试想一下，在一个你和你的同伴承诺奉献终身的地方工作是怎样的情景。在这个组织里，所有人以同样的形式接受训练；在这个组织里，结束工作回到家，你发现你的同事也在同一个社区。总之，这是一个将工作、家庭、社区和社会生活都融入其中的组织。

当时，被选为三国区域负责人的是一位热情的洋溢着田园风格的新西兰人大卫·霍克修士。下一任负责人是安布罗斯·佩恩，他是一位务

实的拥有敏锐运营技巧的理想主义者。同时，他也在悉尼郊区一所拥有大量移民的中学担任校长。

大卫修士和安布罗斯修士都知道，要想为区域的未来制定意义长远的策略，所有修士都要严肃对待会员数量下降这一问题。鉴于修士们回避问题或将问题留给管理阶层解决的本能倾向，他们很清楚这将是一个挑战。

项目组与大卫修士和安布罗斯修士密切合作，为包括 3 位世俗同伴（非教会同事）在内的 24 位区域管理者设计了为期 3 天的关键会议。"请大家明白，这次的项目不仅仅是又一个规划会议。"大卫在给参与者的邀请函中写道，"论起利害关系，区域拉萨兄弟会未来的健康发展和活力已经处于严重的危机中。"2002 年 3 月，会议在澳大利亚距离悉尼南部几百英里的安静的海滨小镇纳鲁马举行，内容包括许多熟悉的战略和规划活动，以及两个关键的体验活动。

第一天的大部分时间都是层级设定活动，例如，讨论当前的趋势数据和对关键问题进行先后排序。第一次"体验"是在晚餐之后，团队集体观看了获奖纪录片《打破沉默——迪西尔斯山庄里修女们的故事》。电影讲述了一个位于西弗吉尼亚州长达 150 年之久的修道院解散的故事，故事围绕 12 位老修女准备离开她们成年之后所知道的唯一的一种生活，即将走入不确定的外部世界而展开。这部电影表现出了一群虔诚的女人意识到她们终生所扮演的角色已经毫无价值的痛苦。

在放映这部极度悲伤的电影期间，修士们泰然自若地坐在那里，而非教会同伴看起来很受影响，有的甚至流下了眼泪。电影结束之后，大家没有交谈，各自上床睡觉。这是他们留待解决的沉重信息。

第二天，在关于电影的汇报讨论之后，名为"人口变化"的棋盘游戏开始了，这是项目的重头戏。游戏的目标是及时适应在接下来 8 年里

24 位修士接二连三的退休，这个人数大概占区域 18 所学校里在职修士的 1/3。

参与者被分为 3 组，每组 8 人。每组都扮演区自治会（领导团队）的角色，其中一人扮演拥有最终决定权的人。他们将一张画有区域内修士工作的所有位置的巨大的彩色手绘地图作为游戏主板，表演未来 8 年将发生的事情。脚上标有预计退休时间的活动的（不署名的）卡通式人物分别代表 79 位在职修士，由此组成了整个游戏棋盘。

他们有几分钟的时间来检查预期退休年龄并形成一个草案。然后铃声一响，意味着一年过去了，这督促他们将 2003 年退休的修士从游戏板上移除。他们有短暂的时间对此作出反应——关闭或整合学校，四处移动修士，将非教会同伴升职为领导层级，或者任由事情发展。这一过程重复 8 次——每次代表一年，从 2003 年一直到 2010 年——但给予参与者的反应时间会逐渐减少，目的是增强紧张感，营造时间转瞬即逝的氛围。

令项目团队感到吃惊的是，房间里活力十足。事实上，大家都很享受这一暗示他们命运的过程。

"游戏震惊了每个人，"安布罗斯修士回忆道，"它激发了每个人的想象力，使得情境豁然开朗。一旦进入游戏，就有可能突破人们看待挑战的常规思想。"将杂乱、沮丧的事实转化成可以采取行动的游戏，这一体验使他们尽量回避的挑战变得不那么高深莫测。

在之后的汇报讨论期间，参与者评论这一游戏旨在激发他们的思想。3 个小组都报告了 3 个变化的核心见解。第一，"我们需要更好地优先分配精力，避免心力交瘁"。第二，"如果我们尽早行动，就会达到更好的状态，以后会有更多选择"。第三，"如果你没有一个好的计划，你将持续遭受意外的打击"。

在游戏期间，尽管每组作出了完全不同的选择，但他们没有浪费时

间来争论哪个计划"更好"。大家都明白，在此时此刻，重点不是找到"正确"的计划。参与者认真对待比赛，但也并不较真。即使房间里的每位修士都能轻易地在游戏板上为自己和他的学校对号入座，他们也不会在保护自己的地盘上浪费时间。毕竟，这只是个"游戏"。

此外，大卫修士说："纪录片和棋盘游戏的结合使用真正帮助我们开始面对未来严峻的现实。尽管难度很大，但电影确实引发了团队的情感。随后，游戏让大家兴奋不已。整个会议就是后续行动的催化剂。"

如果前一天晚上不放电影，游戏可能也会奏效，但效果是不一样的。电影让人们情绪紧张，大家需要渠道来释放紧张感——这就是棋盘游戏中正能量爆发的源泉。

这些设计工作是必需的吗？如果项目团队采用一种常规方法，提供区域资源的详细报告和具体建议，那么结果将会怎样呢？"感觉还是老生常谈，"安布罗斯修士说，"我看不出那样会有什么效果。"

会议之后的几个月里，区域管理者将电影和棋盘游戏带到区域会议上，使3个国家几乎所有修士都参与其中。他们开始了持续战略和规划过程，直到现在这些仍然发挥作用——效果显著。

虽然 2002 年兄弟会的讨论主要集中在巩固运营的计划上，但是区域运营的规模和范围从那时起已经扩大了。区域通过向世俗管理权的转型达到了修士们不曾想过的程度，提高了影响力。如今，非教会教师和行政人员替代退休的修士在不同的学校走上了领导岗位。区域通过投入广泛训练和领导力开发项目确保世俗管理者继续发扬修道会的传统和使命。

大卫修士说："我们的使命同过去一样重大，甚至重于过去。"纳鲁马会议本身无法达到这一成果，但实践证明它是关键的催化剂。"如果没有这一过程帮助我们走上这条道路，我无法想象我们今天是什么样子。"

关键做法 3
创建叙事弧

初看上去，为关键会议制定议程本质上与常规会议无异。在两种情况下，你都需要生成一个主题和活动的列表，然后按照符合分配时间的逻辑顺序将它们分类。

然而，资深设计师却以不同的思考方式处理议程——尽管纸上呈现的最终结果看上去可能是相似的。他们以创建叙事弧的方式思考：一系列活动贯穿始终，就像一个好的故事情节。

叙事弧这一概念来自戏剧界。图 6-1 展示了 19 世纪中期德国剧作家古斯塔夫·弗莱塔克描述的经典戏剧结构弧。人物介绍、发展、高潮、回落和结尾这五部分构成了绝大多数戏剧的结构弧。

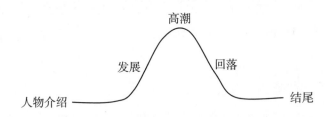

图 6-1　弗莱塔克的戏剧结构弧模型

其他体裁也有自己的结构弧。雪德·弗尔德的《电影剧本》一书介绍了大多数好莱坞电影的基本模式。南西·杜尔特的《共鸣：改变观众的现场视觉故事》揭示了许多伟大演说共有的基本结构。许多结构弧是本能的，遵循一般原则而非固定公式。音乐表演者或播放音乐者创建播放列表即歌曲顺序，为的是探索不同的情绪和节奏，随着时间的推移累积和释放张力。这就是为什么即使在长达 3 个小时的马拉松式演出中，布鲁斯·斯普林斯汀总是能让粉丝感觉意犹未尽。

　　从戏剧、电影、演讲，到音乐会，这些方式的共同点就是都注重参与者的体验。当你看史蒂芬·斯皮尔伯格的电影时，你会切身体验到电影的步调设计、情节安排和整体的架构。与这种方式截然不同，绝大多数商务演示都是演示者依照自己的思维逻辑而非听众的体验"灌输"信息。

　　鉴于关键会议比戏剧或电影更易变——因为参会人员在对话过程中有更多话语权——在制定议程时，资深的关键会议设计者不会恪守固定公式。相反，他们根据对特定群体和他们对面临问题的理解定制体验。

　　为了使其更具体，我们来考虑两种不同的思考基督教兄弟会关键会议的方式。图 6-2 显示了若团队选择常规会议方式，议程将会呈现的样子。

　　这个议程很清晰，甚至可能会获得不错的结果。两天的会议结束后，在良好的便利条件支持下，团队应当掌握了挑战的性质和范围，并且对取得的进展有了初步的规划方案。但这种方式存在一个问题：它是没有活力的。它让团队处理区域的挑战，就如同处理一个复杂的数学问题，而不是一个关系到每个参与者和数千个指望兄弟会受教育的孩子的危机。

　　相比之下，实际的会议议程包括上述很多因素，但着重于参与者的情感和心理历程。图 6-3 以团队体验的弧线表示出了会议的议程。

第一天：现实分析　　　　　第二天：未来规划

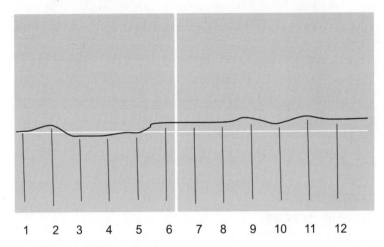

| 1 | 2 | 3 | 4 | 5 | 6 | 7 | 8 | 9 | 10 | 11 | 12 |

1　欢迎和介绍

2　目标和议程

3　回顾区域业务的教育成果、财力
　　和人力

4　差距分析
　　区域 10 年的人口统计和财务规划

5　组合分析
　　深入学校现行业务和规划

6　综合
　　将学校归类，以保证持续发展

7　简单回顾第一天的成果

8　头脑风暴以巩固"稳定"和"有风险"
　　的学校方案

9　分组活动
　　为区域发展制定 10 年规划草案

10　提交区域 10 年规划草案

11　综合
　　明确规划中的主要共识与分歧

12　下一步
　　致力于后续步骤（强势、稳定、有风险）

图 6-2　基督教兄弟会关键会议的议程草案

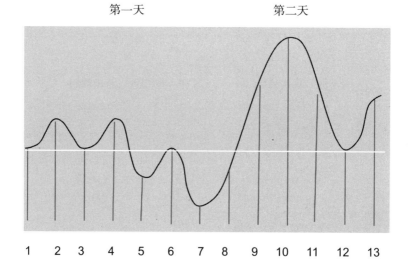

第一天　　　　　　　　第二天

1　讨论会议任务和议程

2　领导开场词：强调紧迫性，
　　提出挑战

3　初步讨论区域到 2010 年的远
　　景规划

4　会谈反馈和讨论
　　关键领域达成一致

5　会谈反馈和讨论
　　优先解决关键问题

6　晚餐

7　观看美国修女修道院解散纪录片

8　影片汇报
　　对挑战的反思

9　回顾成功解决衰退问题案例的读前
　　活动

10　模拟未来
　　小组进行"人口变化"棋盘游戏

11　模拟练习和全体讨论的反馈

12　针对发展路径的关键性协商

13　确保管理层推动进程

图 6-3　基督教兄弟会关键会议的叙事弧

正如我们提到的，会议中的巨大惊喜就是"人口变化"这一游戏带来的乐趣，即使修士们都认真实际地看待自身衰退问题。这一效果的部分原因在于游戏的趣味性和活动设置的方式。然而，同样重要的是，前一天晚上观看的关于修女面临修道院解散这一催人泪下的电影，使得整个团队陷入情绪的低潮。他们在设想最坏结果时已经体验了情感宣泄的时刻，因此，他们以清晰、勇敢甚至幽默的方式处理他们自身未来的挑战时得到了情感的释放。

创建叙事弧最重要的一点是：如果可能的话，除非具有情感挑战性的时刻，否则在关键会议上生成顿悟和影响是非常困难的。设计一个以情感高点且持续升高为开端的会议是很伟大的，可我们未曾听闻有这样的会议发生。我们参加过的所有成功的关键会议，都有至少一个瞬间让人们感受到燃烧的张力。相比之下，绝大部分常规会议都以平淡的情绪开始，并且贯穿整个会议始终。这也难怪它们留不下什么痕迹。

下次你准备关键会议的议程时，试着像编剧或音乐演奏者那样思考，而非像一个空中交通指挥员一样随意安排话题和兴趣。

难忘的体验引发行动的渴望

采用了上述 3 个关键做法的关键会议，能够激励参会者主动学习、全身心投入和创建叙事弧，这会成为难忘的体验。通常，这些会议的参与者能够回忆起它们的要点，甚至几十年后依旧记得。这些生动的体验深深地植根于他们的头脑里，就算他们想忘记都很难。

做到让人难以忘怀并不是重点。如果是这样的话，其他方法也能做到，例如，大型焰火表演或与项目无关的名人的突然出现。本章中的两个故事是都是用很少的时间和资源创造令人印象深刻的会议体验的案例。之前提到的尼尔·格里莫的婴儿食品大战的准备时间极少，仅用了两小时的时间。

在那篇题为《体验战略》的具有挑战性的文章中，美国弗吉尼亚大学达顿商学院教授珍妮·利特卡对许多战略规划流程收效甚微给出了她的解释。她写道，问题就在于"没有人真正关心这些战略，领导们要想取得成功，不仅仅是把扎实的战略思想和有效沟通相结合，还必须让组织成员亲身体验到战略的意义并产生紧迫感，因为执行这些战略需要他们采取新的行动。独自一人思考是不会达到目的的。"

利特卡对她所说的"战略思想"和"战略体验"做了区分，尽管两者同样重要。战略思想的目的是生成明确的、团队能够努力奋斗的目标，而战略体验的目的则是生成共同的渴望。"渴望，而非目标导向，"她写道，"是行为转变的真正驱动力。"

一旦团队有了做某事的渴望，设定目标就会变得容易。但缺乏渴望的明确目标就没有动力。财捷公司和基督教兄弟会的关键会议之所以有效，是因为这两个案例的参与者都通过一种方式体会到了转变的必要性，这在常规会议中很少发生。会议结束后，很难想象参与者会无视会议达成的决议而回到他们原来的状态中去。

你可能会争辩说，这些结果是必然的。除了支持移动互联网平台，财捷公司没有别的选择——那是他们客户的去向。基督教兄弟会要想延续他们教育孩子的重要使命，就不得不尽早应对老龄化挑战。但正如我们下一章将要讨论的，组织通常会忽视显而易见的事实，有时甚至达到了自我毁灭的程度。

正如我们之前指出的，在一次关键会议中解决调试性挑战带来的所有难题几乎是不可能的。但设计体验让参与者感知他们必须要做些事情，是可行的。在本章的两个案例中，延续当前的战略发展，不是一种选择。当面临调试性挑战时，最重要的一步就是集合集体的勇气摆脱现状。

Moments of Impact

第7章
直面阻碍

现在，你已经熟悉如何设计关键会议，也看到了关键会议是如何生成影响力时刻的，那么是时候让我们来探讨一下关键会议的挑战和阻碍了。

估计你已经想到了很多的阻碍因素。这里使用的"阻碍"这一概念是由创新战略的开拓者拉里·姬丽提出的，用来描述类似于"是的，的确，这听起来不错——但它在我的机构里起不了作用"这一类想法。

通常，精心设计的关键会议都会产生好的结果，但也有例外，以下列举了一些不成功的案例（由于众所周知的原因，本章所叙述的大部分情形都是经过处理的）。

▶ 一个咨询团队花费了数周时间同某大型制造公司的管理层筹备战略会议，以讨论产品在全球推广的不同方案。在会议举行的前一天，团队惊讶地得知公司董事长将会不请自来，还要在会议宣布公司的新发展战略。果不其然，傍晚时分，董事长突然出现，将咨询师们轰出门外，还给公司的经理们布置了任务，最终使会议变成了毫无意义的闹剧。

▶ 一项一本万利的消费技术业务正在遭受一项新的颠覆性技术的严重冲击。公司管理层召集了一批包括技术方面、消费趋势方面和新的经营模式方面的专家，力图帮助公司探索创新路径。在会议进行的第二天，该事业部负责人离开了会场——那是棒球体育场上的一个豪华贵宾包厢——开始准备一个棘手的业绩发布活动。

在会议结束的时候，正当专家们介绍他们最具潜力的想法时，这位负责人冲进房间，开始发表他激烈的长篇演说，这使专家们的努力前功尽弃。"该死，这些想法没有一个能实现我们下一季的增长量！你们难道不明白吗？大公司并不创新！小公司才创新——我们买下它们！我们买什么？接下来怎么做？"没过几年，那项业务就泡汤了，负责人也走人了。

▶ 2008 年，就在全球金融危机爆发的几个月之前，某大型保险公司的管理层聚到一起，设想在未来全球经济下业务可能出现的 4 种态势。其中 3 种态势是较为乐观的，但最后一种被命名为"大灾难"——以爆发以美国为首的全球金融危机为特征。当讨论到这一态势的时候，公司的一些高层并不认可，因为如果真的出现这种态势，将导致公司近期的财务目标无法实现。在激烈的争辩之后，团队宣布"大灾难"态势不可能出现，也拒绝应对这种态势。接下来的数月，他们眼睁睁地目睹了所谓"不可能发生"的态势渐渐成为现实，任意肆虐他们的业务。

虽然大家会对以上情况有所担忧，但是这种情况毕竟极其罕见，还没有哪位我们接触的资深关键会议专家说起更多类似的情形。相反，大多数关键会议通常在一些看似平常、微妙的事情上栽跟头，这些障碍具有同样的危险性。

我们已经研究过所有的"无影响力时刻"，从中发现了一些清晰的模式。通常，一次会议的彻底失败至少归因于 3 种主要阻碍因素之一：公司政治、急功近利和过度自信。这些阻碍因素潜藏在所有组织机构中，而关键会议使它们的面目暴露出来。任何一种阻碍因素都能使会议陷入困局。如果这些阻碍因素同时出现，将形成难以冲破的壁垒。

如果前面的章节教你谋生之工具，那么这章将要教你如何全副武装上战场。若你筹备的会议值得你付出时间、努力和金钱，你就必须直面这些阻碍因素。

阻碍因素 1
公司政治

如果你认为公司政治难以捉摸，那么你应该尝试和黑猩猩打个交道。

荷兰灵长类动物学家弗朗斯·德瓦尔和他的同事，花费了几千小时与荷兰阿纳姆市伯格斯动物园里的一支黑猩猩族群待在一起。他的经典著作《黑猩猩政治：猿类社会中的权力与性》于 1982 年首次出版，通过记述黑猩猩社会来揭露人类职场规则，是一本引人入胜的书。

这些现存的与人类进化最为密切的亲缘动物——和我们的 DNA 有着 95%以上的重合度——竟是出奇老练的政客。德瓦尔书中的黑猩猩不断争夺地位，"巴结"上级。他们和同盟者互换人情，并建立复杂的随着时间变换的联盟。如果黑猩猩想要谋取权位，那么他们会小心翼翼地实现目标，而不会走极端。有时，他们也会发动戏剧性的政变，从而重设权力天平。

德瓦尔和他的团队刻意安排了一些合适的实验，以揭示黑猩猩政治技能的微妙与高级之处。有一次，当最为凶猛的雄猩猩首领（名叫耶罗恩）和它的两个主要争权者挤作一团的时候，研究者们将新鲜的特殊食物投向它们并观察接下来发生的事。

> 不久前，我们向观察窗外扔出了大量的橡树叶。只见耶罗恩全速抵近，一边跑一边虚张声势，使得其他猩猩都不敢靠近叶子。耶罗恩将这堆叶子全部拾起，10 分钟后，族群的每个成员，无论长幼，都分得了一部分战利品。而对于耶罗恩这个成年雄猩猩来说，他自己能够占有多少食物无关紧要，重要的是

由谁负责在成员之间分配食物。

这个现象揭示出了一种工于心计、精于谋划的特质，人们很难想象动物也可以做到这些。德瓦尔让我们清楚地看到耶罗恩正冒着受重伤的危险——因为其他两个首领很可能轻而易举地将他拿下。耶罗恩的冒险，并不是为了独吞橡树叶子，而是为了在族群中巩固自己的地位。

下次，当你发现自己身处预算之战，而领导们各自维护自己团队的利益时，要记住我们并没有发明政治游戏。玩政治是我们与生俱来的本事。但除了少数的例外情况，人们总是把政治看成其他人的所作所为。你什么时候听见别人说"我在玩弄权术"？在大部分场合，跟同事说"我很想赚更多的钱"是没问题的，但承认自己在追求更多的权力则是组织生活中最大的禁忌之一。

所有的组织都具有政治性。每个关键会议的参与者都会把个人利益带到会议桌上，即使很少有人会随意谈论它。如果你去读德瓦尔的书，你就会发现人类组织当中半数甚至更多的政治行为都可以简单地用猩猩的把戏来解释。如果你去读马基雅维利的《君主论》——完稿于 1513 年——书中对于获益、屈服、维持权力的各种手段的细致入微的讨论，将会为你提供更多的参照。

组织结构图就是一个骗局

如果你已经研究过灵长类动物行为、马基雅维利的著作，以及古希腊人和莎士比亚的经典剧作，那么你已经具备了了解当代公司政治的大部分知识。如果你想要知道更多的细节，建议你读一下阿特·克莱纳的《核心层》——这是一部分析组织政治如何运作的代表作。克莱纳的书为关键会议提供了两个主要的借鉴之处。

首先，名义上的领导团队不是真正作重大决定的那群人。任何一个组织及很多部门的高层，都存在所谓执行委员会或领导团队的一群人。但这些人很少成为作决定的团体，尽管他们经常以此自居。他们的存在是为了让不同部门和职能的管理者能够互相配合——他们这么做是出于一个有价值但完全不同的目的。

克莱纳指出，在大部分的组织里，真正做决定的是一个非正式存在的领导者小团体，即称为核心层的人。不在核心层的领导团队成员，例如，IT 部门或更小的业务部门主管，能够真正接触决策权的机会是有限的。在大部分讨论重大战略议题的领导团队决策会议上，通常核心层成员将他们的决定告诉其他的每个人，并且伪装成公开对话的形式。

这个发现很重要，因为它解释了笼罩在关键会议之上的这团公司政治迷雾。正如美国国会的大部分举动都在暗地里发生，不会呈现在美国有限电视 C-SPAN 上一样，通常绝大多数组织内部的关于高风险议题的真正讨论也在正式会议和活动之外进行。

其次，克莱纳的第二个洞见是，尽管政治无处不在，但存在"坏政治"和"好政治"之分。坏政治只关注个体的一己私利、对资源的掌控并各自为营，人们获取和保持权力——享受因此而带来的各种特权——是此种政治的终极目标。相反，好政治鼓励真实的对话，无论是理念、价值观方面的，还是关于企业未来发展方向的。

一个组织是向坏政治还是好政治倾斜，通常是容易分辨出来的。当你去采访坏政治当道的组织的管理者时，他们的观点常常是他们所在的部门、科室或团队做得很好，而所有的问题都存在于别处。这些都是精心设计的理由。他们一直不停地装腔作势和自我定位。

相反，当你去采访一个好政治占主导的组织的管理者时，他们的视野总是聚焦于大局问题——客户说什么，哪种趋势推动着他们的市场份额变动，等等。当他们谈论起组织内部问题时，更多地体现出这样一种精神：他们尽力去理解复杂的员工性格和团队动力，而不是视之为儿戏。

诚然，在好政治与坏政治之间也存在许多灰色地带。多数人参加关键会议都是动机不纯的。即便"好"政客，为了具有影响力也必须努力获取和保持权力。关键是要时刻警惕常见的政治陷阱，并且处理好它们，引导关键会议远离坏政治，朝着好政治的方向发展。

常见的政治陷阱

有时，坏政治能毁掉一次会议。在《从长远中学习》（*Learning from the Lorg View*）一书中，未来主义者彼得·施瓦茨回想起了这样一个情况，某公司的 CEO 召集了一次所谓的关于公司未来发展方向的关键会议，通过这次会议，他排挤和赶走了所有与他个人想法不一致的主管人员（后来，施瓦茨不再为这家客户服务）。

但更多时候，坏政治以更为隐蔽的方式破坏关键会议。以下列举了一些所有组织中都存在的常见的政治陷阱。当其中一个开始支配关键会议时，你可以肯定坏政治正在成为主导。

- 模糊的决定权。值得注意的是，很多领导者拒绝公开宣布最终的决策者，即使大家都知道是怎么一回事。大多数人没有最终的决定权却也能够积极参与，只要他们觉得程序是公开合法的就行。如果决定权变得模糊，通常参与者会表现得好像在决策会议上演戏，这使事情变得复杂。

- 虚假参与。有时高级管理人员会召集关键会议，在他们几乎没有兴趣倾听各种分歧意见的情况下——或者更甚，在他们想要将自己的计划强加于人，并且使之看起来就像团队意见的时候。但多数人都拥有很强的甄别能力。当被敷衍而不是被倾听

的时候，人们是能够察觉到的，很快他们就不会那么投入了，整个会议也被破坏了。

- 边界管理。在某种程度上，每个组织或多或少都有"筒仓效应"，部门之间互相封闭、沟通不畅，组织中有不同的利益团体，形成一个个"筒仓"，彼此之间有围墙，部门之间进行建设性对话和合作的可能性很小。

- 过度顺从。人们自然会非常重视关键会议中高层参与者的意见和举动。然而，这会使团队不愿挑战高层管理者的意见，即使他们的想法糟糕透顶。

- 存在不可讨论的重大议题，这也被称为"房间里的大象"。每个组织都有一些不宜在团队中公开谈论的问题，为了避免尴尬，有时某些特定的话题和词汇成为一种禁忌。如果在关键会议中提出了这种问题，就会迅速地导致对话关闭。

- 议程被绑架。有时，一些话题太有可讨论性，占用了远远超过其本身值得花的时间和精力。例如，某个参会人员试图让其他人接受一个与会议目标关联不大的个人想法或计划。

- 转移责任。在一家金融服务公司的一次关键会议中，一个业务部门主管因为营业额的急剧下滑而遭到大家强烈批评——尽管事实是销售渠道已经在全行业崩溃。管理团队拒绝把这项挑战视为需要他们齐心协力去应对的一种外部因素，相反，他们反复指出营业额的暴跌是某个人的问题——他们基于这样的假设：羞辱一个人，就会让他为此承担更多的责任。

- 选择退出。这可能是最常见的陷阱。有些参会人员认为，如果坦诚地提意见，就会得不偿失，所以他们隐瞒自己的想法，从而损害了会议的质量。

阻碍因素 2
急功近利

还记得 MySpace 吗？在 2006 年，这家流行的社交网站是网络巨头，其访客数量超过了谷歌。到 2009 年，它和 Facebook 在成为全球主流社交媒体平台的竞逐中并驾齐驱。但当 MySpace 和 Facebook 开始追求明显不同的成长战略时，从此它们的发展道路也大相径庭。

Facebook 的战略是在新方法上投资，以取悦用户。它的团队花了大量时间研究社交网络行为，并且利用得到的数据预估和创设 Facebook 用户接下来更多的需求。MySpace 为了稳住公司股价，关注的是网页浏览量、收益目标等近期指标。当 Facebook 不断推广新的人性化服务，以吸引数以百万计的用户注册时，MySpace 的网页却只顾着植入广告，以至于昔日忠实的用户纷纷另投别处。

在 2011 年，新闻集团仅以 3 500 万美元的价格出售了 MySpace——这和 2005 年 5.8 亿美元的收购价相比真是一个天大的差距。第二年，Facebook 公司上市了，拥有全球 10 亿用户和每年接近 40 亿美元的营业收入。

MySpace 不是第一个也不是最后一个明白急功近利只会自断后路这个道理的公司。在当今瞬息万变的社会环境下，组织若想在接下来的季度茁壮成长，就需要在短期目标和长远发展之间保持平衡。但只有少数的富于创新的组织，能够在平衡协调上做到游刃有余。

经验丰富的华尔街观察员阿尔弗雷德·拉帕波特在他的《谁绑架了上市公司》一书中，以令人沮丧的细节情况陈述了这一问题。股市曾经是平民积累财富的场所，在 20 世纪 80 年代中期，大多数公开上市的股票份额出售给那些意图购买并持有股票以期增值的个体投资者。如今，

股票市场成了交易人（和计算机）做投机买卖的场所。大部分股份被卖给了机构投资人——养老基金会和公共基金会的管理人——他们在抛出股票之前平均会持股一年。同时，拉帕波特指出，甚至 CEO 和其他主管人员也在股市里的频繁出没，使他们看起来更像拿着高薪的承包商，而不是组织的管家。

这种急功近利的态度会从高层扩散到基层。当管理者们发表展望未来的高谈阔论时，他们所创设和执行的指标却告诉人们，短期业绩才是重要的。结果就是使工作就像一场盲目的、无休止的 F1 比赛——一场速度变得越来越快的兜圈子。

"我们完全误解了业务竞速这件事情，"礼来公司（Eli Lilly）的长期战略顾问彼得·约翰逊如是说，"事实上，当事情突然发生时，停下来好好想一想是更重要的。"当你以每小时 100 公里的速度急转弯时，小的过失更有可能成为致命性的错误。在商业的高速公路上，到处都是为了追求季度业绩而将自己拖垮的公司（和个人）残骸。

遗憾的是，急功近利在我们的头脑中是根深蒂固的。最明显的认知偏差就是时间贴现——人们认为此刻摆在眼前的东西比后来的无论是效益还是成本更有价值。时间贴现是我们不能坚持锻炼、难以抵抗美食诱惑、忘记用牙线洁牙、忽视积蓄养老、禁用品上瘾的主要原因。

在著名的斯坦福棉花糖实验中，研究人员发现，选择在 20 分钟之后获得两块棉花糖而不是现在就吃掉一块棉花糖的小孩具有延迟享受的能力和长远的前瞻性眼光。追踪调查发现，能够等待更长时间的学龄前儿童在成年之后具有更强的自制力并能取得更大的成就。组织机构可以从这些孩子身上学到很多东西。如果我们的企业想在未来几年蓬勃发展，那么我们需要更多的激励因素去抵消而不是强化时间贴现的强大影响力。

从定义上看，关键会议处理的是一个组织所面临的最重要的问题。但令人惊讶的是，有许多参会人员竭尽所能想要把会上的沟通引到更为舒适的地带，即解决一些无关痛痒的小问题，提出权宜之计。有时，你能真切地感受到"紧急状况"优先于"重要问题"，尤其当你看到人们火急火燎地溜出去接电话、处理邮件的时候。

阻碍因素 3
过度自信

去过卡拉 OK 吗？几杯酒下肚之后，即便一个中层的营销经理也确信自己能把辛纳屈的《我的路》唱得和董事长一样好。毕竟，听别人唱得好，你会觉得是很简单的事。《达人秀》一类的真人秀节目让人们产生这样的幻想：只要经过一点训练，普通人就可以摇身一变成为下一个超级明星。

天哪！天才可不是这么出现的！尽管所有人都天生地在某些方面具有一些过人之处，但如果不为之付出很多努力，拥有这些天资的人也很难成大器。在马尔科姆·格拉德维尔的《异类》和杰夫·柯文的《我比别人更认真》中，我们一次又一次地看到，貌似有着超凡天资的人结果都被证明至少接受过 10 000 小时的刻意训练，如马友友，他从四岁就开始练习大提琴。

"卡拉 OK 技能"是我们所使用的术语，用来表示人们的信心超出自身能力的情况。开车就是一项典型的卡拉 OK 技能。研究表明，绝大多数人都认为自己的驾驶能力在平均水平之上。相比之下，有些技能明显不可能是卡拉 OK 技能，例如，脑外科手术、核物理、体操、书法和消防。如果你很少或从来没做过这些事，你就不会开玩笑说自己擅长

它们。

关键会议容易使大量的卡拉 OK 技能浮出水面，如演说、团队引导或合作能力，但最重要的一项技能是战略思维。和任何重要技能一样，战略思维需要花点时间去掌握，一旦具备这种能力，你就能很快地辨别出一个人是资深的关键会议专家还是卡拉 OK 表演者。

最近几年，艾伦·戈曼开展了一项关于主管人员如何培养战略思维的研究。曾经是顾问，现任教于华盛顿大学的戈曼，在过去的 30 年里组织和参与了上百场关键会议。尽管其中大部分都是医疗保健行业的会议，但她对 CEO 的访谈和进行的广泛调查，具有很好的普适性。

"在我的研究中，"戈曼说，"我所访问的大部分 CEO 都说过类似于'我认为当上了 CEO，就要按照 CEO 的思维方式去思考问题'这样的话。"这些 CEO 明白自己需要提升沟通能力或财务敏感度，但在接受这份工作之前没有一个人把战略思维看成头等大事。"采访中，人们一个接一个地说，'我之前真的从没考虑过这件事'。"

大部分的主管人员职位之所以至此，是因为在日常的业务运作和贯彻执行中表现突出，而不是因为他们训练了战略思维能力。但一旦他们成为领导，战略思维就是他们的日常工作。戈曼发现培养战略思维需要长期的刻意训练，通常是 10 年或更久，而且复杂性逐渐提高。她总结出，9 种经历对于成为一个更好的战略思想家是至关重要的，这包括主导一项重要的提案、应对一场严重的危机，以及接受战略思维能力很强的高人的指点等。

大部分的组织机构不会按部就班地培养领导者的能力。真实工作环境之外的商学院课程，只能起到有限的作用。结果就是，即便大机构的领导层，战略思维方面的能力也表现得参差不齐。

战略思维要素

下面这个简表列出了战略思维高手习惯做的事情。

- 系统思维：构建关于如何运作业务使之解决问题、发现新机遇的思维模式，并不断调整、改进。

- 扫描和模式识别：不断扫描广泛的信源资料，寻找新的数据点和见解，包括本行业之外的信息。

- 挑战自己的假设：让别人来挑战他们的想法及潜在的思维过程。

- 平衡未来和现在的方向：同时考虑业务的未来需求和当前需求，使二者不相冲突。

- 综合推理和故事讲述：从各种不同的背景中捕捉评论和想法，将其结合起来，组成具体的关于未来观点的故事。

- 验证假设：利用快速实验检测脑海中浮现出的假设，找到能够奏效的。

　　如果你是关键会议的参与者，那么你并不需要具备这些能力。只要你对所在的组织和身处的环境有着敏锐的观察力，就可以作出重要贡献。但如果你是关键会议的领导者，你就需要具备这些能力，以引导关键会议产生有意义的见解和成果。尽管领导力可能来自任何人，但只有在高层人员发挥出强大的战略思维能力时，关键会议才能起到最好的作用。

　　通常，领导者们都太过关注结论而缺乏对对话过程的耐心。在一家科技公司的关键会议上，CEO 突然迸发的挫败感使会议戛然而止："我不明白为什么你们要把事情搞得这么复杂。我们不过是要创造出人们需要的产品和服务，以他们愿意支付的价格卖出去。这有什么难的呢？"

在这段"卡拉 OK"之后，你几乎可以看到战略副总裁的额头上挂满汗珠。

欠缺战略思维能力的领导者经常把应对技术性挑战所使用的手段，应用到调试性挑战上。正如谚语所说的：假如你手上有只榔头，那你看什么都像钉子。在面临营业收入莫名下滑，或者新的出人意料的竞争对手出现时，通常，这类领导者还是会紧握手中最熟悉的榔头——无论是重组、收购，还是变动不大的"战略"计划——如既往。

直面阻碍因素，视之为抵触系统

大多数时候，3 种阻碍因素——公司政治、急功近利和过度自信——都是可以解决的麻烦。而在有些时候，这些因素纠缠在一起，形成真正的麻烦。

设想这些阻碍因素存在于同一个人身上。例如，有一名高管，你需要他的认同，而他是个缺乏战略思维的人。结果多半会是，他在面对不确定性的时候会感到不自在。如果他的同伴在会议上展露出了更好的战略思维能力，就会使他焦虑起来，触动他的政治本能。一旦这种情况发生，他就会对长远挑战置之不理，而将讨论引向他非常在行的日常运营挑战。瞧！他一个人就拥有那 3 种阻碍因素。

这种人际动力是自我强化的反馈回路，可以发生在组织的各个部门。大部分的组织都被划分成不同部门，各自有不同的业绩指标，部门之间为了争夺资源而互相竞争。在任何时候，总有一些部门比其他部门做得更好。通常，落后的部门会有撵上其他部门的压力，这导致他们愈加致力于短期利益，削弱了对长远问题的关注，也会忽视能应对长远问题的资源。

通常，这种动态会产生背景噪声，它们不悦耳，但也不会致命。可

140

是，当组织面临一项调试性挑战的时候，阻碍因素就会使这种噪声加大。短期业绩的聚焦度增强，相互指责的热度升温，组织发展的活力丧失。随着一种阻碍因素的增强，其他阻碍因素也随之加强。

如果阻碍因素不被消解掉，那么总有一天，组织的目光会越来越狭隘闭塞。管理者们把时间都用在对季度业绩和内部政治的担心上。最终，开发新产品或培养新能力的失败会削减业绩。在业绩削减的同时，制定成功战略的能力也会随之削弱。现在，这些阻碍因素正在全力联手，而组织已经无力去应对调试性挑战了。

这些情况所导致的恶性循环存续数月还是数十年，取决于组织和其市场能有多大幅度的改观。但无论何时，只要组织在面对严峻的调试性挑战时，容许阻碍因素肆意生长，最终的结果就是一样的（见图 7-1）。

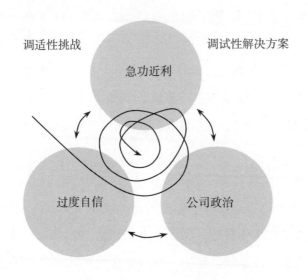

图 7-1　阻碍因素的恶性循环

《不列颠百科全书》的恶性循环

在两个多世纪里，《不列颠百科全书》曾是英语语言书籍中最权威

的参考书。它于 1768 年开始编纂，现存放于乔治·华盛顿和托马斯·杰斐逊的私人图书馆。阿尔伯·特爱因斯坦、查尔斯·达尔文和约翰·F. 肯尼迪都为该书的编纂作出了贡献。在长达几十年的时间里，总有接连不断的推销员挨家挨户地敲门，向家长们灌输这套 30 卷的丛书对于他们孩子的教育的重要性。在今天看来，花费 1 500 ～ 2 000 美元购买这套珍贵合订本是难以想象的。但在 20 世纪 80 年代，这套《不列颠百科全书》在美国知识分子家庭中随处可见。

1985 年，微软公司——那时还是个刚起步的小公司——邀请不列颠百科全书公司加入数字百科全书的创建。比尔·盖茨认为，若这套广受欢迎的参考书能推出数字版本，将有助于推动国内新兴的 PC 市场的发展。但不列颠百科全书公司因为不想降低这项核心产品的身价，所以断然拒绝了盖茨的邀请，而选择追寻自己的数字时代之路。

在接下来的几年里，不列颠百科全书公司引领了尝试新传媒形式的潮流。它于 1989 年推出了首个多媒体百科全书的 CD-ROM 光盘，而当时只有 15% 的美国家庭拥有计算机。1994 年秋天，它创建了不列颠百科全书在线浏览器——比网络浏览器的先驱者 Netscape 的发布还早了几个月。

1993 年，微软创建自己的百科全书 CD-ROM 光盘，命名为英卡塔（Encarta）——比不列颠百科全书公司的晚了 4 个月。由于没有不列颠百科全书那么完备和权威，所以英卡塔仅售 99 美元。微软公司对英卡塔的要价之所以这么低，是因为其目标在于推动国内使用微软操作系统的 PC 的市场——而不是成为图书出版商。

作为一种典型的"破坏性创新"，英卡塔对于很多购买者来说已经足够好了。第一年，微软大约卖出了 35 万个副本，是不列颠百科全书公司销售量的 3 倍。第二年，英卡塔的销量增至 3 倍，达到 100 多万个。

如盖茨所愿，英卡塔促进了 PC 市场的发展，这反过来也拉动了英卡塔的市场，使之呈螺旋上升之势。

尽管大部分的英卡塔都卖给了百科全书的初次购买者，但它的出现给不列颠百科全书公司的市场带来了沉重打击。公司久负盛名的印刷版的销量从 1993 年的 117 000 套跌至 1996 年的 55 000 套。

同时，不列颠百科全书公司在将自产的数字版本投入市场时，出现了严重的决策失误。公司在 1989 年发布了第一款多媒体产品——《康普顿百科全书》的多媒体版本——针对小学生推出的低端品牌。在这款产品上，公司选择了一种令人不悦的价格策略。公司给购买者提供了这样的选择：要么购买全套的常规图书，即可免费获得数字版本——这看起来好像挺划算的——要么就花 895 美元全价购买数字版本。果然不出意料，很少有人买这个产品。

1994 年，面对印刷本销量直线下滑的情况，公司利用其主打品牌的优势，发布了全套《不列颠百科全书》的数字版本。但它选择了同样失败的定价模式，而且有过之而无不及。这次，购买者可以通过买下印刷版本而免费获得数字版本，或者花费 1 200 美元的天价只买下 CD。又一次，大部分的购买者都无动于衷。

究竟发生了什么？不列颠百科全书公司的产品比同行更好，也曾一度引领研发新媒体的潮流。为什么公司会作出如此蹊跷的决定呢？像不列颠百科全书公司所经历的这种战略危机是有多重影响因素的，但通常表现为各种阻碍因素的结合。在不列颠百科全书公司的销售团队中可以找到失败的原因。

20 世纪 90 年代初，不列颠百科全书公司雇用了 2 000 多名销售人员，他们拉动了公司大部分的营业收入，享受着高薪水和高权力的待遇。事后看来，公司似乎一度很希望引入低价多销数字产品的新模式。但销

售人员对这种新模式不感兴趣，因为这可能威胁到他们每套书 500~600 美元的提成标准。不列颠百科全书公司的管理层找不到既能满足消费者，又能满足强大的销售队伍的新模式。结果就是，最终大部分的销售人员失业了。

虽然不列颠百科全书公司的管理者们预见了数字时代的到来，但是当它到来时，还是带来了不小的震撼。1990 年，公司保持着销量和营业收入的纪录高点。到 1996 年，销量和营业收入已经"跌停"，仅以 13 500 万美元的价格（差不多当年营业收入的 1/3）卖给了黎巴嫩金融家雅各布·萨弗瑞。在接下来的几年里，当新东家还在努力恢复不列颠百科全书公司的昔日荣耀时，由个人计算机和英卡塔带来的挑战在谷歌和维基百科崛起之后变得难上加难。2012 年，不列颠百科全书公司宣布纸质版图书将全部停产。今天，这家公司只有一些微弱的线上业务，没有了昔日的光环。

无知不是问题

在加布里尔·加西亚·马尔克斯所著的中篇小说《一桩事先张扬的凶杀案》中，镇上几乎每个人都知道维卡略兄弟要去杀死玷污他们妹妹名声的圣地亚哥·纳萨尔。兄弟俩跟任何想打听的人吹嘘他们的计划。尽管没有人希望谋杀发生，也没有明显的迹象显示兄弟俩真的打算实施他们的计划，但悲剧终于发生，兄弟俩枪杀了纳萨尔。事情发生后，人们才想起为什么没有人去阻止它。

多数情况下，那些苦苦挣扎的组织的管理者不仅看到了子弹袭来，而且还对此谈论不休。他们能耐住性子听完关于子弹速度、力量和弹道的无休止报告。随着子弹逼近，抵御子弹的举措和专门的防护小组突然一下子遍布组织各处。而当子弹真正到来时，每个人都知晓它——太知晓了以至于厌倦了这个话题。最终，他们中弹了。

不列颠百科全书公司的衰落是具有讽刺意味的，因为就像加西亚·马尔克斯小说中的小镇居民一样，公司管理者们目睹着子弹从远方袭来。他们紧随数字时代变革的步伐，而且朝着正确的方向提前迈出了有意义的脚步。但这些都不足以克服来自销售团队的阻力，因为销售团队把新型的媒体产品看作对他们直接收入的威胁。尽管我们永远无法得知 20 世纪 90 年代初，不列颠百科全书公司在每况愈下的时候作出了什么决策，但一个比较靠谱的猜测是急功近利和公司政治对最后结果的形成起到了重要的作用。

仔细观察一下任何一个没有抓住重要机会或没有对调试性挑战作出回应的组织，你会发现他们并不是一群乌合之众。你很可能会发现这是一群优秀的人，只不过他们进行的是胆小的实验和徒劳的关键会议。商业历史中不乏这样的案例，很多大公司早早预知了未来的发展方向，却甘愿由别人当领路者。柯达公司在 20 世纪 70 年代就开始尝试数码相机，同时期的施乐帕克研究中心也正在开发 PC 的一些主要部件；音乐公司看到数字革命的来临，并尝试提供新产品，结果却是苹果公司——当时的行业门外汉——抢占了主动权。

早在 500 年前，马基雅维利就在《君主论》中为我们揭示了这种动态的实质：

> 没有比推行新的政治秩序更难以执行、更令人怀疑成功的可能性，以及对统治者更危险的事了。因为推行它们的人把所有受益于旧秩序的人都变成了他的敌人，而他仅有的是那些来自也许会受益于新秩序的缺乏热情的保卫者，他们的冷漠部分来自对敌人的恐惧，部分来自人的怀疑心理。

对于这个问题，美国小说家厄普顿·辛克莱也有着同样的洞察力，他的表述更为简洁："当一个人靠着不明白某件事而领取薪水时，我们要想让他明白这件事是很困难的。"

我们和很多挣扎于恶性循环的团队开过会，这种恶性循环是一个难以走出的旋涡。当参会人员呈现出以下特点时，你就应该认识到自己正处于一个被阻碍因素牢牢控制着的关键会议中。

▶ 频繁使用"如果……，该多好"这种句式。例如，"如果 X 客户能像往常一样购买产品该多好"，或者"如果我们再增加 10%的营业收入该多好"。

▶ 近乎疯狂地挑选数据——紧紧抓住稀奇罕见的数据以支撑站不住脚的理论，为那些让人不适的大量事实搪塞辩解。

▶ 越来越保守和孤立，忽视内部友善的异议，排斥外来专家出谋献策。

▶ 谈论过去多于探讨未来，而且不顾一切地想要回到以前的辉煌年代。

▶ 把时间都用在寻找替罪羊和改善内部交流上，而不是用在解决问题上。

当你以一个局外人的视角发现自己身处这样的关键会议之中时，这种感觉就好像船只失事，你落难于"异想岛"上。在岛上的时候，你会感觉岛上的一切都是符合逻辑，完全说得通的。但一旦你迈出这个岛，再去观察它的时候，即使距离很近，你也会发现岛上的一切都是荒诞可笑的。

尽管每个组织的阻碍都是独一无二的版本，但它们大多是某一阻碍因素的演化。这些适应性失败的原因，根植于人的天性之中。这些原因始于我们的 DNA 和大脑，让我们在资源争夺中作出"战斗还是逃跑"的选择。它们从我们的认知偏差中汲取安慰，即我们总是眷顾眼前胜过热爱未来，害怕失去甚于找寻收获。我们对昔日成功的深厚情结助长了它们的气焰。在任何时候，这些阻碍因素的影响力都不会马上消失。

VUCA 世界需要更好的关键会议

VUCA 世界的"军团"——技术变革、社会变迁、全球化等——正在用铅弹一样的慢速子弹射穿我们的经济躯体。生产"畅销药品"的大型医药公司、受制于日渐没落的零售渠道和落后的定价模式的出版社、捆绑在 PC 计算平台的一大批科技公司，以及形形色色的卖场、零售商，目前都在被观察的名单之上。这些市场在 5 年或 10 年之后将会脱胎换骨。以史为鉴的话，今天的这些"现任者"一定不会是明天的领路人。

VUCA 世界的挑战不仅困扰着大型的老牌企业，也存在于很多文化机构，如公共图书馆和博物馆，它们要在信息超载、新媒体丛生的时代努力争取一席之地。这些挑战也存在于我们的高校，学生和家长要在高成本的学校教育面前作出各种选择。它们甚至存在于一些颇有活力的更年轻的公司，一旦这些公司经过了迅速成长的起步阶段而放慢了发展的速度，就会面临这样的挑战。

适应性的失败会给社会带来沉重负担。雇员和他们的家庭失去了生计；社团目睹着它们的重要机构在弱化。同时，在气候变化、医疗和教育体制被打破、公债逐渐增加等长期挑战的"顽疾"面前，我们的社会和执政者苦苦挣扎却徒劳无获。

每次我们急切需要更好的关键会议的时候，它们都是打着灯笼也难找。畅销书作者约翰·西里·布朗以主管人员、董事会成员或外部专家的身份，在过去 40 年里参加了大量的关键会议。回想起这些经历，布朗

说："当今时代，我不相信组织能够不凭借良好的关键会议而取得成功——我是没见过这样的组织。"

尽管更好的沟通并不能独自解决我们全部的问题，但如果离开了它们，就很难取得实质性的进展。关键会议能给予我们最大的希望以驱赶、克服强大的阻碍因素，它是解决调试性挑战的重要资源。

这正是本书写作的用意所在。

Moments of Impact

第8章
成就影响力时刻

　　几年前，影响力投资（Impact Investing）还是一个很少被使用的模糊词汇。而现在，它表示价值数十亿美元的全球产业。这一变化的部分原因是一次精心设计的关键会议。

　　你可能听说过社会责任投资，就是将投资从对社会造成伤害的企业如危害环境和损害劳动力的企业中撤出，转而投资那些有社会责任感或环保的行业。

　　影响力投资则更进一步。投资者将资金直接投入那些通过解决特定社会问题并创造价值的项目中，例如，开发保障性住房，在盈利或至少收支相抵的同时进行老旧城区改造。

　　2007年，洛克菲勒基金会的领导者认为公益投资是个非常不错的想法，应该被迅速推广。因此，这个组织在全球领导分散项目的几十个人进行了一次会议。在这次会议中，他们用"影响力投资"这一组合词汇形容这一领域，并达成推动这一领域发展的一致意见。

　　由于第一次会议的成功，洛克菲勒基金会决定组织第二次更为雄心勃勃的会议，将涉及更大、更多元化的群体。2008年6月，41位参会人员齐聚意大利北部，参加为期两天的关于影响力投资未来的关键会议。洛克菲勒基金会聘请摩立特研究所（Monitor Institute）———个为公益领域设计关键会议的咨询团队——帮助设计会议。他们采取的方式与本书中介绍的设计理念十分接近。

　　"我们的想法是，把工作性质类似却通常不会彼此交流的人们放到一起，"当时洛克菲勒基金会的项目负责人安东尼·布格莱文说道，"我们认为，如果把这一领域的领导者们安排到一起进行几天紧密和聚焦的合作，会促进影响力投资的发展。"

　　由于参会人员已经非常熟悉这些问题，所以会议的性质类似于形成备选方案的关键会议。这一群体能做什么以增加影响力方面的投资数额

呢？他们如何推广这种投资意识？尽管项目团队拟定了几个关于可能
措施的具体假设，但并不能确定参会人员会接受并实践哪种想法。

洛克菲勒基金会和摩立特团队极尽所能纳入多元视角。他们对工作
在领域前沿的人们进行了 50 多次深入访谈，以了解全方位的观点。每
次访谈中，他们都会询问不同领域中的带头人是谁。他们努力构建人脉
网络，直到掌握了所有实践者的全貌。随后，他们组建了一支影响力投
资者的"梦之队"，这包括来自亚洲、非洲、北美洲和南美洲的从全球
大型银行到当地小型非营利机构的投资者们，他们的投资领域涉及从农
业到房地产、从新能源到经济开发。以前，从没有这样多元化的群体聚
在一起开过会。

通过提前与参会人员沟通，项目团队对这一多元化群体内的关键异
同形成了清晰的认识。他们利用这一认识，构建能使参会人员产生共鸣
的会议议题框架。

第一种议题框架是简单的 2×2 矩阵，矩阵的两个维度是社会效益和
经济效益，参会人员在这个 2×2 矩阵中找到自己的位置。这一简单的设
计帮助大家相互交流各自的不同方法和彼此之间的相互联系。第二种议
题框架是从访谈中提取出的简短列表，其中包括参会人员可能帮助加速
某一领域发展的 6 种方式。这些想法被呈现出来，参会人员可以以自己
认为合适的方式来补充、排序和完善它们。

要想让大忙人们聚到一起，在初夏邀请他们到意大利一个宁静的处
所——洛克菲勒基金会的百乐宫中心——是一个很好的方式。项目团队
为会场设计做了更多的努力，例如，制作了影响力投资大事记欢迎墙。
当参会人员到达会议室时，迎接他们的是绘有这一领域全球趋势、头条
事件和事件照片的彩色时间表——他们也被邀请在上面添加个人经历和
评论。渐渐地，时间表被他们的笔迹所覆盖，这生动的景象展现出他们
的成长故事也是这幅大图片的组成部分。

通过大家对时间表上的故事的分享，项目设计出一种不同寻常的参会体验，最大程度地对参会者产生影响。"参会者是一个志愿者群体，彼此并不熟悉，"摩立特研究所负责人兼会议主要协调人凯瑟琳·富尔顿说道，"会议几乎没有要求任何人在会议结束之后做什么，但它不仅创造了新的见解，而且激励人们采取行动，这很重要。"

项目团队知道，要让会议产生重要的影响，需要培养参会人员对他们正在形成的想法的主人翁意识。因此，项目团队给参会人员留下了充足的时间，让他们在自发形成的小组中针对自选的主题开展工作。同样重要的是，项目团队带着谦逊和勇敢的心态组织会议，从而使项目适应参会人员的需要。

第二天一大早，项目团队开始介绍他们事先准备分享的内容。然而，这遭到了参会人员的反对，他们明确表示想继续对已经得出的观点作做进一步讨论。"这是我作为会议引导者的最可怕的经历之一，"富尔顿说，"我环顾四周，当时并不确定我们能否在那一刻控制整个会场。"

项目团队迅速调整了会议议程，为这些小组提供更多的时间以便深入研究合作的具体领域。那天会议结束时，大家形成了共同的见解。他们一致认为，这一领域的快速发展需要建设正式的网络结构，还要有稳健的指标体系和评价体系。

百乐宫会议的直接成果是几个新项目的启动。在洛克菲勒基金会支持下建立的全球影响力投资网络（简称 GIIN）旨在提高人们对此领域的认识，促进持续合作。它拥有一套指标体系（影响力报告与投资标准，简称 IRIS）来支持和追踪领域的发展。此外，全球影响力投资评级系统（简称 GIIRS）的建立为企业和基金的社会和环境影响提供了独立评估。同时，百乐宫会议的参会人员通过建立或合作建立一些新的基金扩大了市场。

在短短几年内，这一领域从作坊式的起步扩大到了更有组织的市场。在 2010 年的一份报告中，摩根大通集团宣称影响力投资是"新兴资产类型"，到 2020 年总投资有可能达到 10 000 亿美元。

不管这为期两天的关键会议有多伟大，你都不能将之后发生的所有事情归功于它。关键会议不会一下子解决巨大的挑战，但百乐宫会议是产生巨大前进动力的影响力时刻。

"我们下决心不将它办成典型的基金会会议，我们做到了，"后来成为非营利金融基金 CEO 的布格莱文说，"基金会领导者乐于做细致的政策讨论和逐步建立共识，而投资者则更加以结果为导向，关注如何达成交易。这就是这些参会人员能快速地对重要观点达成一致并付诸行动的原因。"

"百乐宫会议树立了我们对投资领域基础建设的信心，许多参会人员也找到了对这个更大的集体的归属感。因此，事情得以迅速发展起来。"

设计关键会议，使之成为影响力时刻

你已经领略了关键会议是如何帮助组织解决它们最艰难的挑战的。你也感受到了设计关键会议而不是采用常规会议的形式解决问题的重要性。这是由于成功的战略并不来源于电子数据表、幻灯片演示或详细的会议议程。

有效的战略决策来自人们通过新的方式把他们最好的想法结合起来的良好沟通之中，来自人们分享见解的时刻——这一时刻吸引他们将付诸行动。在我们根据本书介绍的核心原则来设计关键会议时，有效的战略决策就诞生了。在这些原则之中，有一条最为突出。

之前，我们提到了马基雅维利对"引进新秩序"时的危险性的讨论。这里是余下的部分：

没有比推行新的政治秩序更难以执行、更令人怀疑成功的可能性，以及对统治者更危险的事了。因为推行它们的人把所有受益于旧秩序的人都变成了他的敌人，而他仅有的是那些来自也许会受益于新秩序的缺乏热情的保卫者，他们的冷漠部分来自对敌人的恐惧，也部分来源于人们的怀疑心理。只有当人们有了深切的体验之后，他们才会真正相信新事物（重点强调）。

马基雅维利并没有设计过很多关键会议，但他意识到体验不仅是最好的老师，而且是唯一的老师。当关键会议被设计为参与式体验时，人们才会用完全不同的方式处理问题。他们从适宜的距离看待问题——既足够遥远以确保拥有更多的视角，又足够接近以至于能够将焦点集中在最重要的问题上。只有在拥有这种距离的对话空间里才能产生新的可能性。

当参会人员进入这样的对话空间时，事情就会迅速得到发展。想想根斯勒公司为创建一个全球工作场所设计战略而花费的 5 天时间。在安排会议的过程中，让一群来自全球各地的管理者们在百忙之中抽出 5 天的时间是非常困难的——这看起来是一种奢侈。等到了会议室里，时间就在他们沉浸于设计未来工作环境的时候飞逝了。会议结束后，很明显，这 5 天的亲身体验比数周甚至数月的电子邮件和电话会议更富有成效。

马基雅维利是对的。帮助人们接受新想法的最好方式就是让他们亲身体会新想法可能创造出的未来。这就是所谓的成就影响力时刻。

关键会议创造希望

在上一章中，我们谈到了影响关键会议最常见的阻碍因素。这表明，我们很清楚你要面对的是什么。

阻碍因素很难克服，但在绝大多数情况下，它们可以通过我们在本书中推荐的原则和实践来控制。这整本书可以看作克服这些阻碍的锦囊妙计。

关键会议可以化解阻碍。确定明确的目的和纳入多元化视角可以帮助消除不良公司政治的影响；让人们亲身体验可能的未来能够让人避免急功近利；设计好的议题框架能够提供更好的战略性思考和创造性解决方法。在精心设计的关键会议中，阻碍并不会消失，但它们不会妨碍重要工作的完成。

这时候，你作为初露头角的未来资深关键会议设计师可以一展身手。因为你真正的目标不仅是消除阻碍，还让人们在充满创造力和协作精神的环境中，带着共同的目的，专注于创造更美好的未来。

正如同阻碍因素能够以自我强化系统的方式（我们所说的恶性循环）运转，精心设计的关键会议也可以创造"希望循环"。当参会人员拥有了面向未来的视角时，他们更可能集中精力于他们的共同目的。此时，他们也更可能互相帮助，以发展新的能力（见图 8-1）。

关键会议能使这样的希望循环开始运转，创造出调适性解决方案的条件，但它比伟大的体验需要的更多——它需要领导力。

当基督教兄弟会面临令人沮丧的会员数量下降的形势时，他们本可以默默地接受这样的命运。然而，他们开创了向世俗领导权的转型，确保了他们使命的未来。

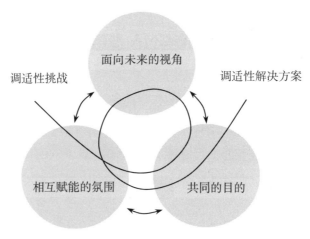

图 8-1 希望循环

当移动互联开始发展时，财捷集团本可以跟许多其他企业一样选择退缩，避免发生关于新平台资源和所有权的内部争议。然而，他们却着眼于未来，支持新兴科技。

在金融泡沫期间，哈格蒂保险公司的管理者们本可以马上展开全方位的扩张。然而，他们坚定立场，坚持做核心收藏客户喜好的业务。这使他们在其他企业损失惨重的情况下，仍能赢利。

这些成果都不是必然的。这些组织都努力克服了重重阻碍，勇于创造性地面对挑战的领导力使得它们脱颖而出。从理论上说，领导力来自最高级的管理人员，但领导力也可以来自许多人，包括关键会议的设计者、会议引导者、项目团队和参会人员。

当领导们显示出应对调试性挑战的能力时，他们就会以强有力的方式推动组织向前发展。自信和乐观的态度就会变得很有感染力。人们花费更多的时间思考和计划他们接下来能做的伟大的事情。在我们看来，设计和组织伟大的关键会议就是你在这个 VUCA 世界时代需要掌握的最重要的领导力技能。

创造性调适战胜创造性破坏

调试性挑战出现时，许多组织都将时间和精力浪费在与未来的争执中，他们否认事实，怀念过去，但未来迟早都是胜者。

在这个世界里，我们需要的是少一点创造性破坏，多一些创造性调适——一个人、一个组织或一个社会成功地面向未来发展的能力。这种能力可以从一次次的关键会议中获得。当事情变得复杂时，优质的思考和对话的作用是不可替代的。

关键会议领域与百乐宫会议之前的影响力投资领域有惊人的相似之处。在不同的地方，人们作着关键会议的设计与创新，许多资深的关键会议实践者并不认识很多和他们自己一样水平的同行。他们有很多有效的工具和实践，却分散在各处。这一群体并没有聚集起来，甚至都没有被发现，他们之间缺乏合作，也不能帮助彼此。

我们希望这本书能帮助联合和发展关键会议实践者这一社群，使资深人士们更清楚地认识自己，并且帮助其他人发展这种基本的领导技能。

为你的下一次关键会议做准备吧

我们已经讨论过，我们设计关键会议的方式与常规会议相比，能产生更好的效果。我们也意识到这种方式并不是人们习以为常的，因此许多人认为这有很大风险。但让人舒适的常规会议方式可能带来更大的风险：会议几乎没有任何影响。你能想起来的最近一次应对艰难的调试性挑战而获得进展的议程/幻灯片演示会议是什么时候发生的吗？

很少有人在参加完一次精心设计的关键会议后，对它的评价却是
"还行吧"。这样的会议失败的情况也很少见。当你设计下一次关键会议
时，请借鉴下面这些我们和资深的关键会议专家的"临别寄语"！

▶ 以"时机成熟"的问题开始。有效的关键会议聚焦在时机恰当的
问题，能够带来行动的紧迫感而非恐慌，焦点问题源于亟须关注
的日益增强的威胁或机遇。不要为太过遥远或迫在眉睫的主题设
计关键会议。这些情况需要其他方法解决。

▶ 为开好关键会议争取充足的时间。应对调试性挑战需要时间，但
精心设计的关键会议能够有效利用时间。选择合适的参会人员进
行两天的高质量沟通比两个月的无重点努力成果更大。不要让任
何人说服你将两天的工作压缩成两小时——那样不会成功，只会
令你和参会人员感到沮丧。

▶ 要有同理心。我们非常强调这一点。在会议开始之前，你必须花
时间了解参会人员的视角。这样能使你的会议真正引起参会人
员的共鸣。

▶ 使用所有核心原则。关键会议的 5 个原则和其关键做法是匹配成
套的、不可以拆分的。如果你布置了精彩的会场却没有正确的会
议目标，那么会议不会成功。如果你拥有正确的视角，会议议题
框架却设计得很糟糕，那么会议也不会成功。关于影响力投资的
百乐宫会议的成功并不是单个因素作用的结果，而是 5 项核心原
则的结合。这些原则的整合运用的效果大于它们单纯的相加总
和。

▶ 精简、精简、再精简。会议组织者往往将过多的素材塞入过短的
时间。伟大的设计追求精简，不会持续不断地增加参会人数、议

题和幻灯片上的字数。我们要有只纳入促成重点突出、富有成效
的关键会议的必要元素的勇气。

▶ 从小事开始，逐步积累。如果你对这种方式比较陌生，那就从低
   风险的简单情况开始，培养你的技能和自信，然后再扩展。在进
   入董事会会议室之前，先与一个友好的团队尝试一些小方法。

▶ 拼命准备，然后放轻松。资深的关键会议设计者们会充分准备会
   议，在现场会随着会议的进展情况进行即兴发挥。这听起来可能
   很矛盾，但实则不然。准备充分的人们，在他们必须临场发挥时
   会更加舒适和自信。

▶ 拒绝自杀式任务！千万不要接手成功条件不足的关键会议——那
   些阻碍因素太强大、没有行动的共识、人们拒绝花时间把事情做
   好的情况。如果你接手一个注定要失败的任务，那么你会损害这
   种会议方法的公信力——很可能不会有第二次机会。

你不可能彻底消灭风险。即使在最好的情况下，阻碍因素都会合谋
起来挑事。但大多数情况只是很棘手，并非无望。你不必苛求完美以引
领人们达到影响力时刻。你需要的只是勇气。

日益精进：成就你的影响力时刻

在进行本书写作前的调研时，我们采访过的每位资深的关键会议设
计者都有他们自己在这一领域从新手到专家的成长故事。他们的共同点
就是，在开始设计关键会议时，他们并没有成为专家的意图。相反，他
们发现自己是在偶然间成了设计关键会议的高手。在初始任务中，他们
尽力学会把它做好。随着能力的增长，他们的自信和勇气增强，变得雄

心勃勃。随着不断成功地解决复杂和高风险的问题，他们获得了更多积极的反馈，产生了更大的影响，也就越发热爱这一行业。

许多资深设计者将他们设计关键会议的能力描述为职业生涯中的"秘密武器"——这种能力帮助他们在组织中脱颖而出并快速上升。他们所有人都认为，当你掌握了这种技能，你就不会停滞不前。设计伟大的关键会议是具有高挑战性和回报的工作，同时也充满乐趣。最重要的是，这是一个人对组织的未来产生巨大影响力的一种方式，甚至可能产生超越组织的影响。

因此，前进吧，成就你的影响力时刻！当你践行的时候，不要对你正在推开一扇敞开的门过于惊讶。

关键会议设计指南

帮助你设计关键会议的有效工具箱

克里斯·厄特尔　丽莎·凯·所罗门

MINE™ 设计

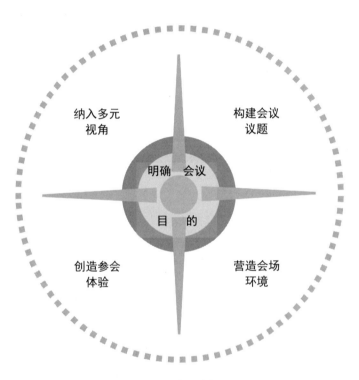

关键会议指南针

导　言

欢迎阅读"关键会议设计指南"（以下简称"设计指南"）——有效工具和各种技巧的全集——它将帮助你开始设计关键会议。

关键会议是一种为了应对调试性挑战而设计的创造性、合作性地解决问题的会议。大多数组织遇到的挑战难题都是技术性的，通过应用成熟的技术手段就可解决问题，比如，为增加额外 5%的收入或削减额外 5%的成本而努力寻找解决办法。常规会议在解决这些问题上能够发挥有效的作用。但调试性挑战是混乱的、模糊的、没有现成答案的，它们需要一种不同的解决方法。

目前，你的组织面临的调试性挑战是什么？是一位棘手的新竞争对手的崛起吗？是长期成功的商业模式的进展变缓吗？是机遇与挑战并存的毁灭性新科技的异军突起吗？是未知市场中令人惊讶的创新性产品吗？

在这个变化无处不在的时代，如果你的组织从来没有遇到过调试性挑战，那会是一件很奇怪的事情。由于各种原因，这样的挑战出现的次数越来越多，强度越来越大。各个组织别无选择，只能迎头而上，否则就有落后的风险。

单凭超级英雄般的领导者的一己之力，是不能解决调试性挑战的。解决调试性挑战需要来自组织内的不同视角的人的精诚合作——甚至包括组织之外的人；需要不同于常规会议和头脑风暴会议的做法——后两种类型是人们进行合作时常用的工具。

本书认为，关键会议是解决调试性挑战的最佳方法。但读懂会议流程是一回事，自己亲自去做又是另一回事。这就是我们在本书中附上"设

计指南"的原因。

　　同本书的构思一样，"设计指南"也是围绕 5 项核心原则展开的。当你筹划关键会议的时候，我们建议你按照下图所示的顺序进行。当然，你要时刻记住：这些步骤之间会存在很多往复的情况。

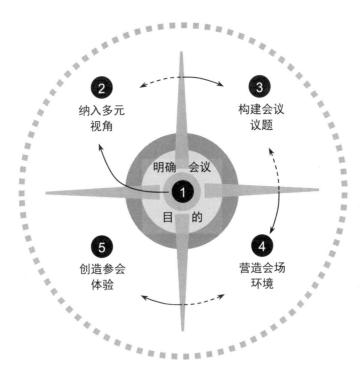

以核心原则指导设计过程

使用"设计指南"的 3 种方式

把它当作虚拟教练

如果你酝酿的关键会议迫在眉睫，没有时间读完整本书，那么你可以在"设计指南"中迅速找到很多增大会议成功概率的有益观点。如果你有时间读完全书，那么你将会对其中的内容有更深刻的理解，直觉会告诉你，如何把这些有益的观点付诸实践。

把它当作清单和参考手册

在《清单革命》一书中，外科医生阿图·葛文德给出这样的理由：当今的挑战难题是复杂的，忙碌的专业人士不可能在他们最需要的时候记得他们知道的每件事。这就是为什么飞行员在起飞前要使用清单，而医生需要使用清单提高医疗服务的质量和连贯性。即使你是设计关键会议的资深专家，或者你已经读完这本书，要在情急之下想到所有的关键要点也是很困难的。我们把这些要点整理在一起，这样你就可以快速浏览所有要点并重新汲取能量。

把它当作团队共享的剧本

通过为设计团队提供共享的框架、过程和语言，"设计指南"可以使不同技能水平的团队成员设计出更完善的关键会议，并在此过程中互相学习。

核心原则和关键做法

1

明确会议目的
抓住时机
选择一个目的
以慢求快

2

纳入多元视角
组建一支"梦之队"
搭建创造性合作的基础
激发受控的冲突

3

构建会议议题
拓展思维模式
变换角度思考
选择少量的议题框架

4

营造会场环境
布置会议空间
创造视觉效果
关注细节

5

创造参会体验
鼓励探索，而非灌输
全身心投入
创建叙事弧

成就你的时刻：4 个锦囊

"设计指南"的每个部分与 5 项核心原则一一对应，并提供实践中的 4 个锦囊：

自我诊断（Ask This）

实践之前对诊断性问题的回答。

必要行动（Do This）

围绕每项核心原则的 3 个"关键做法"而展开的必须采取的行动。

技巧与工具（Try This）

适合特定情境的有效建议和工具。

推荐阅读（Read This）

对每项原则的相关话题最有帮助的资源（多数为图书）。

在"设计指南"中，我们尽力呈现它的可选择性特点，而不是全面性特点。因为每次关键会议都是依具体情境而创设的，所以我们提供普适的原则和做法，以适用于任何情境。（本书的相应章节具体阐述大多数的要点。）

我们希望"设计指南"成为你的宝贵资源。在尝试这些观点的过程中，请及时为我们提供反馈信息：哪些做法奏效，你在过程中有什么收获——这样我们也可以向你取经！

在开始实践前

自我诊断

你需要什么类型的关键会议

你组织过混乱的、没有结果、定位失误但本意要解决大问题的关键会议吗？

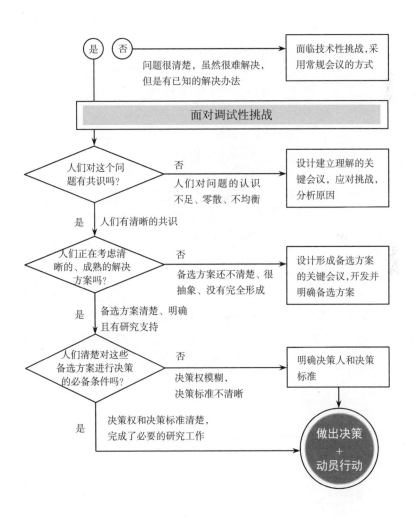

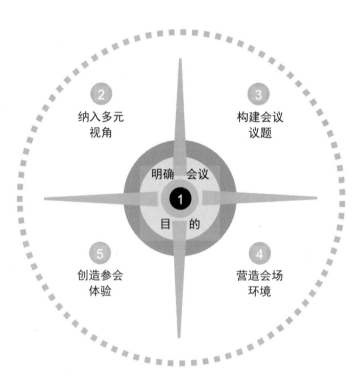

1

明确会议目的

大多数关键会议会议为期 1～2 天。但调试性挑战几乎不可能如此快速地得到"解决"——即使全力以赴——它们太复杂了！

解决调试性挑战需要一段时间的持续努力的工作——几个月或更长时间。这一过程包括很多活动，其中有非正式讨论、调研、规划会议、正式评估会议、市场试验和关键会议。

通常，关键会议对能否成功解决调试性挑战难题具有巨大的影响。每次会议的目的都是产生能形成前进推动力的见解和能量。这些成就了影响力时刻——一次"还不错"的常规会议或有趣的一次性体验都起不到这样的效果。设计关键会议的时候，你需要明白关键会议在这一过程中的合理定位和恰当运用。

你也需要清晰地明确会议的目的。虽然我们有无数个理由把人们组织起来开会，但是关键会议只有 3 个目的：建立理解、形成备选方案和做出决策。

为了实现有效性，你的关键会议一次只能聚焦一个目的——3 个目的中的一个。一旦明确了会议目的的类型，会议设计过程就会清晰可见，那么，你设计一次成功的关键会议的概率会显著增大。

你需要什么类型的关键会议？

如果团队对要讨论的战略议题不太清楚或意见存在分歧，那么你需要一次建立理解的关键会议。如果大家对此非常熟悉，但事态毫无进展，那么是时候召开一次形成备选方案的关键会议了。只有当你做好这两种关键会议后，你才能考虑组织一次决策类关键会议。

谁有最终的决策权？

对于大多数常规的组织议题来说，决策权的问题很清楚。但对于调试性挑战，决策权模糊这一问题令人挠头。这是因为调试性挑战通常涉及组织中的不同部门，缺乏一个明确的"问题责任人"。尽量在会前明确由谁负责之后的哪种决策。否则，就会存在作不出决策的风险。

谁对会后推进负领导责任？

会议结束后，谁对会后的持续推进负责任也可能很模糊，这与决策权模糊的问题原因是一样的。这需要在会前作好选择。

你能从过去的影响力时刻中获得什么借鉴？

在过去的会议中，团队有过产生影响力的时刻吗——那种激发新见解和共识的时刻？尽可能找到这样的时刻，研究它们。这些时刻肯定会为你的这次会议提供重要的可借鉴之处。

必要行动

抓住时机

把每次关键会议看作提高——甚至改变——你的组织对调试性挑战作出反应的机遇。

从一个真实的问题开始

伟大的关键会议都是从清晰的与组织未来的成功相关的问题开始的，从人们致力解决的问题开始的。虽然围绕一个有趣的话题或常规议题组织一次会议也很好，但是这种会议是管理性、教育性或发展性的会议，而不是关键会议。

确立边界条件

关键会议可能产生大量的各类言论，并不是所有的言论都与眼前的挑战相关。许多人把这些会议看作热衷个人谈论和宣泄抱怨情绪的机会，所以在开会前，你一定要清楚哪些话题不适合在会议上讨论。

定义关键会议的"成功"

关键会议的"成功"与常规会议的"成功"是不同的。大多数会议的目的是为下一步措施作出决定。关键会议的目的则是达成共识并产生新的见解，从而推动组织继续发展。如果做到了这一点，那么下面的工作就迎刃而解了。

为成功而规划

在设计关键会议前，想象这次会议成功的画面。问自己一个问题："如果这次会议进展顺利，那么我能想到的大家之后可能开展的行动有哪些？"草拟一些关于开展这些行动的最初的计划。认真对待这个问题将有助于会议的成功。心中有了成功的图景，你会准备得更好。

选择一个目的

进行关键会议的目的只有 3 个：建立理解、形成备选方案和做出决策。确保会议目的只有其中一个。

建立理解的关键会议：提出一个清晰的挑战性问题，不要堆砌多个问题

选择一个像"图书出版行业的未来"这样大而宽泛的话题，是很难使会议取得进展的。在准备建立理解的关键会议的时候，最好为参会人员指出清晰的挑战性问题，聚焦他们的注意力和能量。比如，开发创新的产品、商业模式或关于读者需求变化的新见解。

确定落脚点

建立理解的关键会议最困难的环节之一是形成清晰的会后愿景——这一愿景如何推进后续的工作。在会议前，你需要明确你期盼的结果是什么，即使你还不太确定期盼结果的具体内容。拿出版行业的未来这个案例来说，你需要确定 3~5 个关于读者未来需求观点的落脚点，这些观点能被用来开发新的战略方案。

形成备选方案的关键会议：使用更加丰满的方案描述

"我们应该买下 X 公司"只是一个观点，但不是一个表达了其可实现性的方案。在形成备选方案的关键会议中，可以通过讲述完整故事的方法来介绍自己的方案，如介绍 X 公司可以提供怎样的价值，与"我们公司"如何形成更大的竞争优势，从而把这个观点变换成一种可实现的备选方案。可以使用有缜密框架的工具，如商业模式画布，来确保你所讲述故事的具体性和完整性。

控制备选方案的数量

通常情况下，在形成备选方案的关键会议中，最好提供 3 ~ 5 个完善的备选方案。多数人很难在同一时间应付 5 个以上方案的选择工作，这太过复杂而难以把控。如果只有 2 个方案，又容易导致对立性的辩论。

聚焦在方案背后的假设，而非这是谁提出来的

仔细研究每个方案的潜在假设。试问："如果每个方案都获得成功，我们需要相信什么？"通常，这种简单的策略可以使讨论的关注点从"这个方案是推提出来的"转向坦诚评估方案成功的必备条件。

把现状也看作一个备选方案

如果没有其他更好的选择，人们倾向于维持现状——即使没几个人喜欢它。在决策类关键会议中，把现状看作一种清晰的方案，同其他可能的新方案一起接受大家的检测，这是很重要的。通常，这种简单的策略会鼓励人们作出更好的选择。

以慢求快

解决调试性挑战需要时间，而且总是觉得时间不够用。要想获得成功，你需要鼓励团队成员坚持到底。

尽早并且经常性地管理参会者的期望值

参会人员总是对关键会议能够解决的问题抱有不切实际的期望——比如，希望在一天之内就在某一战略上达成共识。这就需要你在会议之前，向大家明确会议成功的含义。在会议期间，随时提醒大家这次会议对成功的界定。

扛得住要求会议加快的催促

几乎可以肯定的是，参会人员总会不可理喻地敦促你加快会议的进程。在建立理解的关键会议上，有人可能想提前进入形成备选方案的阶段。在形成备选方案的关键会议中，你会感到有人在催促尽快做出决策。千万要扛住！否则，你不仅会阻止重要见解的出现，而且一旦会议进展太快，你可能再没有认真审视问题的机会了。

庆祝你的影响力时刻

你几乎不知道关键会议中的影响力时刻会在什么时候出现，那么就要做好随时迎接它的准备。重视会议过程很重要，它能够让你树立信心、培养耐心。只有这样，我们才能"以慢求快"。确保团队中的每个成员在达成主要议题上的共识前对问题都有清楚的认识。

技巧与工具

离开办公室

作家约翰·李·卡瑞曾经写道:"从办公桌上观察世界是很危险的。"我们中的大多数人待在组织内的时间太长了,以至于没有时间观察我们周围的世界。在设计建立理解的关键会议时,不妨在计划中考虑一下实地体验,它会带给参会人员对于会议议题的直接感受。如果不能付诸实践,就考虑如何把外面世界的新鲜资讯带到会议中来。

扫描边缘区域

在其经典著作《创新者的窘境》一书中,克雷顿·克里斯汀生指出重要的变化总是首先出现在市场和组织的边缘区域。这就需要你发现不同市场和部门的早期变化标志。你也许会在出其不意的地方发现新的见解。

基于不同的未来情境检验你的方案

我们依据今天的数据作出重要的战略选择,但这些选择的结果将在未来发挥作用。那么,在不同的情境下对各个备选方案进行压力测试总是有所裨益的——无论是通过情境模拟、情景规划练习,还是把每个方案进行几轮"如果……就会……"的讨论。

在组织内部模拟"新的常态"

纸上呈现的一项新战略或一套新政策，与真实情况下的体验是完全不同的。营造在不同情况下运作这些战略或政策的切身感受。在选择战略方向的时候，一家大型非营利性组织的董事会成员在选择 CEO 时进行模拟练习，大家审阅几位候选人的简历，讨论不同情况下谁是最佳人选。

问 5 个问题

在《为赢而战：战略如何有效》一书中，罗杰·马丁和艾伦·乔治·雷富礼围绕 5 个渐进式问题描述了形成和评价战略选择的过程，这些问题帮助参会人员在讨论方案假设的同时开发合理的方案。

1. 我们渴望获得的成果是什么？
2. 我们的主要战场将是哪里？（或者问：谁是我们要服务的客户？）
3. 我们如何获得成功？（或者问：我们如何向细分市场交付我们独特的价值主张？）
4. 我们必须具备什么能力？
5. 我们必须具备什么管理体系？

推荐阅读

Chip Heath and Dan Heath, *Switch: How to Change Things When Change Is Hard* (Crown Business, 2010)。希思兄弟把深度研究和引人入胜的故事结合起来，从而阐明在任何情况下促进变化发生的核心原则。中文版书名为《行为设计学：零成本改变》。

Ronald Heifetz and Martin Linsky, *Leadership on the Line: Staying Alive Through the Dangers of Leading* (Harvard Business Review Press, 2002)。这是一本关于高效能的领导者如何应对调试性挑战的精彩指南，对关键会议富有启示意义。

John Kotter, *Leading Change* (Harvard Business Review Press, 1996)。一本关于如何管理组织变化过程的循序渐进经典入门书。

A.G. Lafley and Roger L. Martin, *Playing to Win: How Strategy Really Works* (Harvard Business Review Press, 2013)。一本关于如何思考形成和评价战略选择的不可缺少的读本。

Henry Mintzberg, "The Fall and Rise of Strategic Planning," *Harvard Business Review*, January–February 1994, 107~114。这篇经典文章介绍形成战略的新方法，并解释为什么战略规划对真正重大的问题作用反而不大。

John Mullins and Randy Komisar, *Getting to Plan B: Breaking Through to a Better Business Model* (Harvard Business Review Press, 2009)。风险资本家很清楚创业者的战略规划 A 方案几乎失效。这本书帮助你找到重点，发现规划 B 方案。

Alexander Osterwalder and Yves Pigneur, *Business Model Generation:*

A Handbook for Visionaries, Game Changers, and Challengers (Wiley, 2010)。在解决新的商业模式方案方面，新生代商业模式画布（BMG）的作用无可比拟。

Barry Schwartz, *The Paradox of Choice: Why More Is Less* (Ecco, 2003)。人们经常说他们需要更多的选择，但他们的行为暴露出相反的方向。这本著作为读者提供大量丰富的关于思考如何做出选择的社会科学研究结果。

Robert Simons, *Seven Strategy Questions: A Simple Approach for Better Execution* (Harvard Business Review Press, 2010)。哈佛商学院的教授列出了在任何战略过程中都必须解决的 7 个问题。

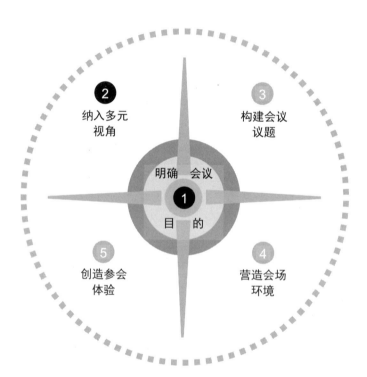

2

纳入多元视角

Moments
of Impact

　　如果缺乏创造性的合作，调试性挑战是不能得到解决的。你需要一群合适的人和他们的多元视角——他们在沟通中以正确的方式致力于解决正确的问题。

　　但存在一个圈套：关键会议会抑制创造性合作，即使它们需要创造性合作。那是因为这些会议聚焦于不确定因素，而不确定性让参会人员感觉不安，从而引起彼此竞争的冲动，其个人表现也会引发焦虑情绪。

　　一个努力完成任务的团队和一个无比喧闹的团队之间有着天壤之别。3 个关键做法可以区别这两种不同的团队。

　　首先，你需要在关键会议中组建一支有见解的"梦之队"（而不是"有人就行"）——这个团队提出非常重要的不同观点。其次，你必须为创造性合作搭建起对话基础，而不是让大家陷入群体思考的泥潭。最后，你必须找到激发参会人员热情的方法，从而发挥他们的最大能量。

　　这些事情做好了，就为开展其他工作打下了坚实的基础。但你还需要再做一件事：为创造性合作营造融洽的氛围。你需要在会议前深度倾听参会人员的意见。这将帮助你设计出能够引起参会人员共鸣的方案。

为了解决问题，你需要纳入哪些视角？

最好的关键会议需要精选的各种观点和不同见解，它们将从各种角度解决你所面临的挑战。但要牢记，并非所有的意见都需要本人亲临现场。

什么样的人参与你的关键会议？

一旦敲定了参会人员，仔细研究一下这些人。这是一个已有合作基础的团队，还是一个为了此次会议特设的工作团队，或者介于两者之间？你的答案会影响这次关键会议的设计决定。

这次会议将带来什么样的压力？

至少对一些参会人员来说，所有的关键会议都是倍感压力的。想一想会议可能带来的各种压力，想办法减轻这些压力。要对那些对压力敏感的参会人员给予特别的关注。

你看重哪些差异性因素？

参会人员在很多方面存在差异：角色、思维方式、文化背景等，这些差异性因素产生大量不同的观点。但这些差异性因素只有合理地交织在一起，才能产生有价值的观点。考虑面对的挑战和参会人员的组成结构，你需要侧重哪些差异性因素，以激发出有价值的灵感火花呢？

必要行动

组建一支"梦之队"

最好的关键会议参加者是一支"梦之队",而非人们通常认为的"必须邀请的人"。要组建一支"梦之队",你既需要在人员选择上比以往更加精心,又需要纳入更广泛的视角。

获得恰当的视角,而不仅仅是请来合适的人

区分"谁会参加"和"哪些观点会被表达"之间的不同,这是非常重要的。通常情况下,那些没有亲自参加会议的人的观点是很有帮助的,如客户或主题专家。我们可以通过视频、音频、访谈等手段获得这些不同的声音,从而找到创新的办法。

找到一些能与"不确定性"坦然相处的人

所有的关键会议都需要应对各种不确定性和模糊的问题,总有一些人比其他人更能坦然面对这些情况。所以,会议中要有一群人是能够与"不确定性"坦然相处的。否则,免不了要走一段坎坷之路。

人际沟通的重要作用

参会者中应尽量包括一些在组织内具有良好人际关系网的人员。他们能够在会场协助不同群体之间建立联系,为成功的沟通发挥重要的作用。会后,他们还能和那些没有参加会议的人分享会上的洞见。

鼓励前沿的视角

重要的变化几乎总是首先出现在市场和组织的边缘地带,可能来自相对偏远的地域,也可能来自新的客户群体,甚至来自年轻的员工,等

等。在会议中纳入这些前沿的视角一定是个不错的主意。

会场需要实干家和被影响者

只有在被大家普遍接受，并且积极实施的情况下，伟大的战略性观点才能发挥它的重要作用。为了会议成果能够落地，我们需要邀请那些负责方案具体实施或最可能受方案影响的人的观点。

搭建创造性合作的基础

重要观点的共享有助于团队更好地合作。

搭建创造性合作基础的 8 个要素

1. 共享的目的与目标感。
2. 建立团队共同身份感，形成共同体。
3. 对所面临的挑战形成共识。
4. 有紧迫感。
5. 共享的语言体系或对关键术语有共同的定义。
6. 共享信息库。
7. 有能力讨论困难议题。
8. 有与议题相适的讨论、思考框架。

明确需要强化的要素

你可能需要强化大多数或所有要素。你的团队对面临的挑战有深刻的认识，但缺乏紧迫感吗？团队成员有很强的团队身份感，却回避困难议题吗？根据会议的目的和团队的性质，你很可能希望借用强有力的工具强化这些要素。

使用访谈反馈

使会议顺利开展的最有效的方法之一，就是在开会时向参会人员分享哪些问题大家已经是有共识的，哪些问题大家存在分歧，这些问题是在会前访谈中暴露出来的。这样做能够节约时间成本，帮助团队肯定大家已经达成的共识，并且让团队聚焦于最重要的问题。

激发受控的冲突

一旦团队拥有了有力的合作基础，就到了解决分歧的时候了——而且必须解决。

是调动热情还是控制热情

许多团队要么陷入辩论的争执中，彼此缺乏倾听，要么回避讨论困难的问题。思考一下：在围绕核心问题的讨论中，你是需要调动参会者的情绪，增加紧迫感，还是需要为他们已经点燃的激情降降温？

选择激发受控的冲突的策略

下列 8 个策略，无论单独使用还是搭配使用，效果都很显著。

1．从更长期的视角定审视当前议题。

2．采用"由外向内"的视角，关注变革的外部驱动因素。

3．把挑战性问题转变成游戏或其他模拟活动。

4．就关键问题的假设进行讨论，而非争论彼此的结论。

5．促使参会者换位思考。

6．促使团队权衡利弊。

7．就选择方案的标准达成共识。

8．制定并保持清晰的界限和基本原则。

为边缘参与者提供访谈机会

大多数关键会议都存在一个问题：一部分人的贡献微乎其微。如果你必须邀请这些人参加，那么考虑一下通过会前访谈的方式为他们提供表达看法的机会。你会大吃一惊。大多数人都想表达心声，但不是每个人都愿意为此花一两天的时间来全程参与会议。

创建关键术语清单

一个公共的话语系统对有效讨论挑战性难题是非常关键的。参会者可能对一些基本术语的含义——如愿景、战略、目的和目标——和这些术语的相互关系存在不同的理解。我们有必要为参会人员提供主要术语清单，确保大家认识的一致性，以便顺利开展对话。（这些术语含义的"正确性"并不是最重要的——通常这是很主观的看法——最重要的是它们在使用中的一致性。）

尝试"付出与收获游戏"

苏格兰经济发展机构采用这种形式进行了一次重要的关键会议。来自组织内不同部门的团队被要求列出他们对其他部门作出的贡献（付出），以及他们从其他部门得到的帮助（收获）。结果清楚地表明，所有的部门都认为自己的付出远多于收获——这在逻辑上是不可能的。你的团队玩过这种游戏方式或类似的活动来提醒人们"我们是一个集体"吗？

让人们换位思考

有时候，唯一能够理解别人观点的方法就是换位思考。为了让新的管理团队中的每个人更好地明确工作职责和自己的作用。一家大型医疗保健机构的领导者让每个人都角色扮演团队中另一成员用各自新角色的视角进行决策讨论。如人力资源总监扮演首席财务官，首席顾问扮演商业部门的主管，等等。这一策略帮助每个人拓展了对公司目标和战略的看法。

发现潜在的需求

在解决调试性挑战的关键会议中，你的团队成员可能一头雾水。那么"需求发现"就派上用场了，设计师借助它找到愉悦使用者的新方式。"需求发现"可以简单地表现为，在会前询问所有参会人员，这次会议将为他们带来哪些益处？这样能让参会人员聚焦于积极的会议成果，也可能发现被人们忽略的观点。

洞悉人们的动机

在《读懂整个房间里的人》（*Reading the Room*）一书中，心理学家戴维·坎特绘制了一幅洞悉团队成员各种动机的简单图表。虽然每个人都有独特的动机组合，但是人们的行为倾向于 3 种核心价值中的某个导向：意义（或目的）、影响（或关系）和权力（3 个词语缩写为 MAP）。在任何团队中，迅速地发现人们的动机有助于关键会议的设计，包括活动和使用语言的设计。

推荐阅读

Juanita Brown, *World Café: Shaping Our Futures Through Conversations That Matter* (Berrett-Koehler Publishers, 2005)。关于领导者团队过程设计的——在组织发展实践和理论方面具有深远影响的一本书。中文版书名为《世界咖啡：创造集体智慧的汇谈方法》。

Edward de Bono, *Six Thinking Hats* (Back Bay Books, 1999)。一本关于不同思维方式的力量——如何集中不同思维的优势来创造性地解决问题的通俗易懂的入门书。中文版书名为《六项思考帽》。

Bob Frisch, *Who's in the Room? How Great Leaders Structure and Manage the Teams Around Them* (Jossey-Bass, 2012)。这本书揭示了组织中决策的产生（提示：决策不是在执行委员会会议上产生的）。

Art Kleiner, *Who Really Matters? The Core Group Theory of Power, Privilege, and Success* (Currency/Doubleday, 2003)。这本书全面、启发性地分析了组织政策真正发挥作用的机制。你会对权力改变有新的认识。

John Kotter, *Buy-In: Saving Your Good Idea from Getting Shot Down* (Harvard Business Review Press, 2010)。这本书引人入胜，以故事为载体，介绍了如何技术性地驾驭不同的观点，从而达成一致的团队意见。中文版书名为《认同：赢取支持的艺术》。

Patrick Lencioni, *Death by Meeting: A Leadership Fable…About Solving the Most Painful Problem in Business (Jossey-Bass, 2004)*。一本拥有真实背景的小说，探讨了糟糕会议的原因及如何通过挖掘矛盾、合理布局来解决问题。中文版书名为《该死的会议》。

Kerry Patterson, Joseph Grenny, Ron Mcmillan, and Al Switzler,

Crucial Conversations: Tools for Talking When the Stakes Are High (McGraw-Hill, 2011)。一本让读者思考如何组织艰难但必要的沟通活动的不可缺少的指南书。

David Rock, The Brain at Work: Strategies for Overcoming Distraction, Regaining Focus, and Working Smarter All Day Long (Harper Business, 2009)。一篇关于神经科学领域最新发现的精彩评论，同样适用于我们的日常工作，对团队合作的开展也有很多借鉴意义。

Daniel Yankelovich, *The Magic of Dialogue: Transforming Conflict into Cooperation* (Simon & Schuster, 1999)。来自著名的社会科学家和民意调查专家的关于对话理论与实践的概述。中文版书名为《对话力》。

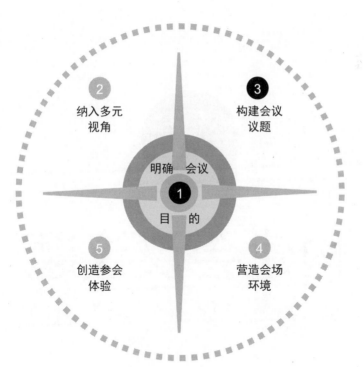

3

构建会议议题

你的一个重要工作就是构建（反复构建）会议议题，帮助团队在会议上达成共识。

通过框架工具来构建会议议题，帮助会议聚焦。它决定哪些要素你必须重视，哪些要素你可以忽略；也决定了哪些要素应该处于显著位置，哪些要素可以作为背景。精心设计的框架可以起到良好的平衡作用：聚焦你的关注点，与此同时，也拓展你的视野。

框架有很多种呈现形式。它可以是一幅视觉图或地图，如竞争形势图或投资组合矩阵。它可以是一个比喻或概念如"创新者的困境"或"临界点"，这些形式可以帮助参会人员理解组织目前的情况。它也可以是一个"吸引人的故事"，从而引发人们的不同思考。它甚至可以是你希望人们采取行动而问的一些主要问题的措辞方式。

适当的框架设计能够清晰阐释你正面临的调试性挑战的不同方面，包括各个子部分同整体的关系。这些框架设计可以帮助参会人员在诸多复杂议题中厘清头绪，从而形成判断，达成共识。缺乏良好框架设计的关键会议就像拼图盒上没有参考图案却使劲玩拼图一样，你也可能成功，但相当费力。

自我诊断

哪些重要的思考框架已经存在？

对于将要讨论的议题，参会人员都有各自的思考框架。你需要提前识别这些已经存在的框架——无论它们是可视化框架、比喻、主要概念、专业术语，还是故事。这些框架有用吗？它们过时了吗？如果是这样，你需要提出来并质疑这些框架吗——还是替换它们？

哪些框架在你的团队中发挥作用？

框架形式多样，人们各有所好。你的团队成员是喜欢视觉效果，还是更容易被吸引人的故事打动？他们更倾心于 2×2 矩阵，还是朗朗上口的比喻？想想过去那些激发出团队想象力的框架。你可以从中借鉴些什么来帮助你选择这次关键会议的框架？

你需要扩展框架还是缩小框架？

就像摄影师的镜头一样，框架可以拓展你的视野，也可以聚焦你的视野。如果你的团队思维狭隘，或困于群体思维，那么你需要扩展框架。如果大家面对大量信息或太多选择，你需要缩小框架，聚焦到最重要的问题。

房间里有"隐形的大猩猩"吗？

人都有视线盲区，就像前面提到的丹尼尔·西蒙斯那段著名视频中被大家无视的捶胸顿足的大猩猩。你的团队没有发现——或有意忽视的重要问题是什么？什么样的框架设计才能使人们直视房间里的"大猩猩"？

必要行动

拓展思维模式

最好的框架设计能够拓展参会人员现有的思路，而不是完全反对或替换他们已有的思维框架。

了解参会人员的思维模式

一边关注会议的内容，一边关注参会人员的思维模式和假设。即使对团队成员非常了解，你也需要通过访谈或调查的方式努力了解他们的思维模式。

提前检测会议的关键框架

如果有一位关键的参会人员或所有人对所使用的议题框架持否定态度，那会让关键会议止步不前。你需要事先与几位关键的参会人员一起检测这些重要框架。在遇到抵制态度时，一定不要立刻退缩，因为任何新的思维框架一开始总会让一些人不太舒服。使用检测手段调整框架，直到它们界于熟悉与陌生之间。

包容不同的思考

给予参会人员消化思维框架或得出结论的时间。即使照搬旧路，从一些不同的视角看待问题也能激发出新的见解。如果大家没有更好的思路，那么他们会很愿意接受你的思路。

变换角度思考

只是告诉大家"跳出盒子来思考"不是特别有帮助。相反，你需要为团队成员提供不同的情境，让大家"跳进不同情境去思考"，以面对挑战。

新进入者会做什么？

要获得新的思路，可以问参会人员："一个我们行业的新进入者，没有我们的固有系统和关系，它现在会怎么做？"这样的问题总是有益的。也可以尝试重新设计公司的标识——模仿那些标志性的品牌如谷歌和星巴克——这些新的标识能够激发参会人员关于重塑企业和竞争意识的创造性思维。

假如有无限的资源，你会怎么做？

通常，参会人员会在无意识的情况下限制他们的选择。他们把自己的想法限制在力所能及的范围内，而不去颠覆任何已有的工作或战略。你需要鼓励参会人员摒弃束缚，进行头脑风暴，这样才能产生那些起初想象不到的新观点。

假如资源非常有限，你会怎么做？

附加新的约束条件也能产生新观点。你也许会问："如果我们的预算只有现在的 1/10，那么我们应该怎样解决问题？"这样的问题迫使参会人员思考出不周全但低成本的解决办法，很多初创公司经常这样做。

选择少量的议题框架

有几个备选的议题框架将有助于你组织会议内容、设计会议议程并且安排会上的讨论。

限制你的议题框架数量

最好选择两三个主要的议题框架。一次讨论太多的议题框架只会让

人感到头疼。如果只有几个议题框架，可能其中一个会非常"吸引人"，从而使会议讨论得以顺利进行。

提前确定你的议题框架

提前确定好会议议题框架是非常关键的一步，因为你的关键会议内容、日程安排和会议营造的体验都将紧紧围绕它展开。确定晚了，很可能就意味着这些过程都要在最后一刻进行更改。与此同时，你也需要足够的时间来检测这些议题框架，所以不要过早固化你的议题框架。

明确各个议题框架的关联性

如果关键会议中有几个议题框架，那么探究它们之间的关联性。提前问自己同样的问题，相信你能给出不错的回答。

技巧与工具

识别和打破行业常规做法

每个行业都有一套自己的运作理念——创业者经常挑战这些理念。创新战略咨询公司德布林（Doblin）的劳里·基利指出，杂货店为顾客购买少量货品提供快速通道，这种常规做法会让重要顾客觉得自己的优先级不高。你所在的行业或组织存在哪些需要挑战的常规做法呢？

拓展视野，关注更大范围的竞争

曾几何时，各种组织视野狭隘，只关注同几个主要对手的竞争。近代史上，初创企业和其他行业的进入者对有序的竞争市场造成严重损失的例子屡见不鲜。（想想图书出版行业的亚马逊吧。）邻近领域的哪些公司觊觎你的市场？游戏规则又将怎样改变？

重视被你忽视的客户

在大多数行业里，大的竞争对手都倾向于关注同一群体——高利润客户。但近些年来，获得成功的创新企业大多锁定"不太有吸引力"的客户，甚至非客户。比如，在竞争激烈的租车行业，当 Zipcar 公司还在短期租赁的老路上徘徊的时候，企业租车公司（Enterprise Rent-A-Car）却开拓了提供保险索赔租赁业务的市场。在你的市场中，有被忽视却极具增长潜力的角落吗？

创造生动比喻，精确表现所面临挑战的本质特征

回忆一下"点滴模式"和"雪崩模式"。这两个词语简洁、易记，成功地帮助一家大型网络服务提供商的管理者理解未来视频点播服务市场的动态变化趋势。尝试几种生动的描述或比喻，它们可以让你对挑战的主要动态变化一目了然，从而促进团队解决问题。

发掘组织中的流行语

写下你的组织中目前常被大家使用的流行语。反复阅读这个清单，哪些是你可以在会议上有效使用的？

尝试找出问题和解决办法

在《餐巾纸的背面》一书中，丹·罗姆认为复杂性的问题不仅能用简单的图示呈现出来，而且也能通过简单的图示得到解决。如果你明确了真正要问的 6 个核心问题——谁、什么、多少、哪里、什么时候、如何，以及为什么——那么你就很清楚该画一张什么样的图。尝试采用罗姆的方法去找出会议所需要的可视化框架。

使用杜阿尔特图示化工具

杜阿尔特设计公司（Duarte Design）的网上图示化工具提供了上千种如何使问题可视化的案例（www.duarte.com），是非常有用的视觉工具资源，能使会议议题栩栩如生，为参会人员带来视觉灵感。

推荐阅读

Daniel Ariely, *Predictably Irrational: The Hidden Forces That Shape Our Decisions* (Harper-Perennial, 2010)。一本非常有意思并不时让人捧腹的书，揭示人类顽固的天性，我们固有的思考模式成了拦路虎。

Stephen Denning, *The Springboard: How Storytelling Ignites Action in Knowledge-Based Organizations* (Butterworth-Heinemann, 2001)。告诉人们可以利用故事叙述这一特别的形式作为达成目标的"跳板"。

Nancy Duarte, *Resonate: Present Visual Stories That Transform Audiences* (Wiley, 2010)。这本具有突破性见解的书揭示出了深入我们想象力的故事的内在结构。

Chip Heath and Dan Heath, *Made to Stick: Why Some Ideas Survive and Others Die* (Random House, 2007)。一本教你如何讲吸引人的故事的常备手册。

Chip Heath and Dan Heath, *Decisive: How to Make Better Choices in Life and Work* (Crown Business, 2013)。这本书特色鲜明，以研究为基础，为读者提供了如何更好地决策设计问题和选择方案的指导意见。

Daniel Kahneman, *Thinking, Fast and Slow* (Farrar, Straus and Giroux, 2011)。诺贝尔奖得主、社会心理学家的力作，为读者呈现三十年来行为经济学和认知偏见领域的研究结果。中文版书名为《思考：快与慢》。

Michael Mauboussin, *Think Twice: Harnessing the Power of Counterintuition* (Harvard Business Press Review, 2009)。顶尖的财富经理分享逆势思考的习惯和力量，书中介绍了注重实效的战略家的丰富经验。

Barry Nalebuff and Ian Ayres, *Why Not? How to Use Everyday Ingenuity to Solve Problems Big and Small* (Harvard Business School Press, 2003)。书中涵盖了大量绝妙、真实的关于创造性设计与再设计魅力的例子。

Dan Roam, *The Back of the Napkin: Solving Problems and Selling Ideas with Pictures* (Portfolio, 2008)。关于可视化框架设计和问题解决方面的动手实践课程，不需要太多绘画技能，只需简笔画基础。中文版书名为《餐巾纸的背面》。

Tihamér von Ghyczy, "The Fruitful Flaws of Strategy Metaphors," *Harvard Business Review*, September 2003, 86~94。对隐喻如何影响关键会议以及隐喻与模型的不同之处进行了精彩的解释。

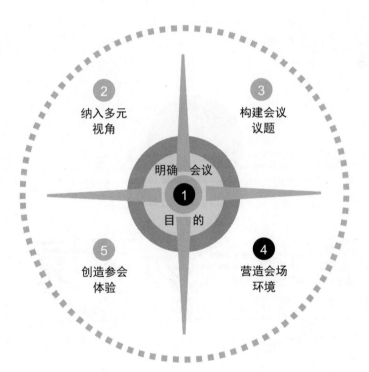

4

营造会场环境

走进一间即将进行关键会议的房间，你会很快捕捉到一些细节，由此判断这将是一次不错的会议，还是一次糟糕的会议。

房间的布置是为了开放式的对话，还是被动的聆听？桌椅的排列是为了强化还是弱化等级意识？这些细微的感觉预示着这里将有特殊的事情发生，还是普通工作日的一天？这是一间人们能够全力以赴开展合作的房间，还是各自完成任务的普通办公室？

只须看一眼这里是如何布置的，多数人瞬间就能对上述问题作出判断。糟糕的是，通常他们所见的会议场景非常令人失望。

常规会议的组织者总是一遍又一遍地问自己："一切都准备好了吗？"关键会议设计者则会问一个截然不同的问题："我们在哪里并如何营造一个开展创新性合作的最佳环境？"他们对会议场所的选择非常讲究，并且努力打造出合适的风格。他们不失时机地为会议营造视觉思考的空间。同时，他们不放过任何一处细节。

我们完全可以在不同预算标准、不同类型的空间布置出满足基本条件的漂亮会场。要想做到这一点，你需要亲自承担营造会场环境的责任，这可是参会者进行创造性合作的空间啊！关键会议设计者所做的这一切不仅是为了打造一个漂亮的会场，而且经验告诉他们，这样做会带来不同的会议成果。

你想给参会者留下怎样的第一印象？

当参会人员步入关键会议会场的那一刻，他们会依据所见的一切对会议产生不同的期盼值。你希望他们在那一刻有什么特别的想法和感觉吗？你希望他们有好奇的感觉，还是轻松的心态？他们会凝神聚焦问题，还是天马行空地思考？会场的布置要能产生与会议目标相一致的期望。

哪些约束因素可以转换成优势？

在设计会议的时候，你总会遇到某种约束因素。一旦出现，你要像设计师那样思考，变废为宝。当根斯勒公司的热尔韦·汤普金和他的团队只有半天的时间作出大量重要决策的时候，他们杜绝了会场中所有深浅不同的色调（色彩微差）。为了突出重点，他们给会议定性为"黑白分明的会议"，所有的材料都是这两种颜色，甚至包括大家的着装。

哪些可视化材料最能帮助你的团队进行决策？

如果人们真正能够步调一致地看待问题并解决问题，那么达成共识是很容易的事情。许多可视化界面——如活动挂图、数字智能板、草图或原型——可以帮助人们做到这一点。在会议上你可能会使用几种视觉方式，但通常只有一或两种能够吸引参会人员。仔细考虑你可以有效利用哪些可视化界面，原因是什么。

哪些细节可以产生巨大的影响？

伟大的设计师都知道：小细节通常会影响用户的体验感受。比如，对外科医生而言，手术工具的摆放方式；智能手机插上充电器时的微妙的提示音。仔细检查一下你所布置的会场，问问自己，哪些细节能够愉悦参会人员并使他们更加积极地投入会议。

必要行动

布置会议空间

多数会议场所毫无生气，非常不适合创造性的合作活动。我们能够而且必须做得更好。

离开熟悉的环境

在选择会议地点的时候，最好避免造成干扰或引起压力的事物。创新的突破性见解几乎不会出现在做预算评估或项目规划的那间会议室里。如果必须在熟悉的、毫无斗志的地方开会，那么尽可能地改变它，这样能够传递出这次会议的不同凡响和重要意义的信号。

找到好的"空壳式空间"

明确几个会场必备条件。在你开始发挥设计想象之前，确保找到一处不错的促进创造性合作开展的空壳式空间。至少，它的面积合适，办公家具可移动，有充足的空间供人们交流想法。

一定要有自然光

研究表明，如果病人术后住在有窗户的房间，那么他们的康复效果会更好。无论何种场景，自然光对人的情绪和能量级都有很大的影响——对任何半天或更长时间的会议，自然光都是必不可少的要素。当你预订场地的时候，某些会场销售人员会说有没有自然光并不重要，记住，千万别相信!

根据会议目的定制场所

一旦你找到了不错的空壳式空间，开始考虑把它打造成与会议目的相一致的风格。通常，一两个统一的主题对你的设计选择是很有帮助的。在设计主题为"全球经销商的未来"的关键会议时，安利公司围绕 3 个主题布置会场，每个主题都有一个独立的空间：咖啡厅、放映厅和手工工艺室。参会人员轮流使用这些场所，特色鲜明的主题会场有助于参会人员进入不同的思维模式中，如对话模式、信息接收模式、产生洞见的模式等。

关键会议场地基本要素

选择的房间

- 面积：不要太拥挤，也不要太宽敞。
- 形状：在房间里，大家能互相看到。
- 空间：既适合全体人员进行讨论，也适合作分组讨论（也许在不同的房间，也许在一个大房间），有充足的开放空间。
- 窗户：阳光可以照进来。

适应性

- 家具：可移动，可根据需要迅速改变位置。
- 支持书写的设施：参会人员有充足的地方写字，可以信手涂画和记录想法。
- 平整的墙面：有足够的空间布置海报、时间表、模板或其他的可视化材料。

舒适性

- 座位：舒适透气。
- 房间温度：可控并设置合理。

- 听觉效果（音响）：每个人都能听清，没有干扰的噪声。
- 最小的视觉干扰：没有视觉上的过度干扰，如会让人产生迷幻感觉的地毯、糟糕的艺术品、凌乱的储物空间或繁忙的交通。

创造视觉效果

我们大脑处理图像的能力优于处理文本的能力。利用可视化材料帮助团队迅速获得见解。

用图片辅助文字（而不是文字更多）

永远不要让人一边听报告，一边读屏幕上的文字。研究表明，我们的大脑完成不了这样的任务。相反，你需要用图片丰富幻灯片或其他可视化材料，用图片强化交流的内容，减少文本材料。

使用可视化框架，既见树木又见森林

复杂话题的讨论要么太抽象，要么陷于细节。若要达到既见树木又见森林的效果，你需要设计或发现一个简洁的可视化框架以帮助团队把个人的观察或想法与宏观的挑战结合起来。这一可视化框架要贯穿会议始终。

记录并呈现会议中的要点

将要点以可视化的方式呈现出来，这样更容易被人们记住，之后也更容易被回忆起来。当参会人员的观点以这样的方式被倾听和记录，他们更可能放下已经表达过的想法而专注于当下的对话。

可视化记录会议的过程

可视化的会议记录还可以给予人们一种动力——他们能真正目睹各种见解和共识在渐渐地形成。如果你不想让会议充斥大量堆砌的数据，

那么仔细选择这些人为的设计（如活动挂图绘制、完整的模板、达成共识的列表等）将最大限度地促进对话并推动会议进展。

关键会议中的可视化要素

在设计会议的过程中，考虑这些可视化要素的使用地点、时间和方法，这样有助于具体观点的形成。

▶ 准备好材料：所有为会议贴上可视化标签的提前准备好的材料，如幻灯片、宣传画、印刷品或时间表等。

▶ 过程模板：帮助参会人员熟悉一系列步骤的工作表或模板。

▶ 框架结构：促进结构化研讨，把个人问题和更大挑战联系起来的可视化模式，简单的如时间表，复杂的如系统框图等。

▶ 原型：把想法或方案用草图或其他手工方法制作出来，可以是很粗糙的，也可以是很精确的，可以预先准备好或现场制作。

▶ 现场制作：活动挂图、图示记录、照片、数字界面（如链接到维基），这些能帮助我们在现场获取和安排内容。

▶ 即兴草图：任何用于现场探索和构建观点的或视化界面，如思维导图、涂鸦或涂鸦墙等。

关注细节

在设计中，细节往往带来惊喜。一个关注了所有细节的项目才能获得人们的青睐。

消除所有可能的干扰因素

人们很容易受到干扰。多数时候，我们为注意力不集中寻找各种借口。这就意味着你需要提前准备，把所有核心设备、技术和座位都提前

设置好了。这也意味着房间的角落里不要堆积无用的设备或其他造成视觉干扰的物品；房间附近没有繁忙的交通或建筑工地的噪声；房间里温度适宜，既不是冰柜也不是烤炉；没有开餐前飘来食物味道的诱惑。

照顾好你的客人

人们在感觉舒适和得到悉心服务的时候，更容易有轻松的心态和开放的视野。很多方式可以带给人们愉悦感，包括美味的食物、大自然的美景、舒适的环境或一份精心准备的小礼物。

让细节与会议目的一致

会场应该避免一切与会议目的相矛盾的细节。如果你的会议是关于可持续性问题的讨论，那么就不要使用瓶装水；如果会议是为了促成组织各部门的精诚合作，那么不要选择不易于人们交流的大会议桌（或任何这样的东西）；如果会议旨在未来发展，那么最好不要选择带有强烈怀旧味道的地方。

保证所有模板有合适的尺寸

纸张的大小也会影响会议的结果和观点的产生。可视化模板和工作表应该依据参会的人数合理设计。只有一两个人的话，笔记本大小的纸张或稍大一点的就可以了。3个或更多人的情况下，你就需要 A4 或 B3 的纸张了。

选择非传统的会场

大多数关键会议选择办公楼或酒店作为会场。一些不常见的备选地点却值得我们尝试。我们曾在夜总会、游轮、棒球场地、美术馆，甚至修道院里组织召开过关键会议。尽管这些场所需要更多的物流提升，却给人们带来惊喜，也与沟通活动的主题更加贴切。

设计"涂鸦墙"式时间表

一种行之有效的共享沟通内容的方法是设计一张大的时间表，以记录相关的趋势和事件。在关于影响力投资的关键会议中，洛克菲勒基金会张贴出一张时间表，上面显示最初十年内不同股力量如何一步步共同促进了这一领域的发展。他们也邀请参会人员分享他们的个人经历——就像一面涂鸦墙——他们的成长故事也成为这幅大图片的组成部分。

添加音响效果

在关键会议的会场布置中，音乐可能是最容易被忽视的工具了。音响效果能给会议带来前进的动力，也能像"声音幕帘"一样提示会间休息，但要保证选择的音乐与会议的基调和团队的文化相一致。

把外部的世界带进会场

组织有时会倾向于把自己封闭起来，这难免导致视野狭隘。我们的

一位同事在设计一次关于客户服务的关键会议时，试图打破这种封闭性。在会议的茶歇时间，他播放了这家公司客服中心的电话录音，把它作为背景音乐。同样，根斯勒公司的热尔韦·汤普金把那些不能亲临会场的重要人物做成真人大小的纸板图样摆放在会场里。这些聪明的做法完全体现了那句老话："看在眼里，记在心里。"

使用可视化模板展开对话

在讨论中，小团队可以借助吸引人的可视化模板或程序图的帮助更有成效地展开对话。格罗夫咨询公司称这种方法为"可视化向导"，并在他们的网站（www.grove.com）上展示出各种版本，你可以拿来就用，也可以借鉴它们，开发自己的设计。

为关键会议树立品牌

有时候，我们有必要为某个关键会议打造一个特色品牌。这并不复杂，也不昂贵——设计一个会标就是不错的做法。为会议主题设计可视化图像和色彩系列，有助于把会议中的不同要素联系起来。

玩具带来乐趣

不妨在会议桌上放点儿玩具——溜溜球、雕塑软泥等——这些小物件可以激发人们的想象力，但有时也会带来风险，会议议程会被干扰。创新性地解决问题需要适度的严肃游戏，玩具不总是我们的选择。尝试以一些不太常见的方式，为会议增添点儿实实在在的乐趣吧。

推荐阅读

Scott Doorley and Scott Witthoft, *Make Space: How to Set the Stage for Creative Collaboration* (Wiley, 2012)。两位斯考特先生很荣幸地为斯坦福的设计学院设计设施。这本书分享了他们建造创造性办公场所的最佳实践经历。

Nancy Duarte, *Slide:ology: The Art and Science of Creating Great Presentations* (O'Reilly Media, 2008)。一本介绍如何制作引人入胜的幻灯片和其他材料的非常有价值的入门书,新手和精通人士同样适用。

Steven Few, *Show Me the Numbers: Designing Tables and Graphs to Enlighten,* 2nd ed. (Analytics Press, 2012), *and Now You See It: Simple Visualization Techniques for Quantitative Analysis (Analytics Press, 2009)*。利用爱德华·塔夫特的卓越设计作品,以通俗易懂的方式呈现出数据形象化效果的精彩介绍。

Don Norman, *The Design of Everyday Things* (Basic Books, 2002)。在这本关于设计批评的经典作品里,诺曼深度挖掘了事物和环境可以愉悦人们或使人绝望的原因和过程。

Garr Reynolds, *Presentation Zen: Simple Ideas on Presentation Design and Delivery*, 2nd ed. (New Riders, 2011)。一本关于如何进行轻文本重图片的演示活动的畅销书。中文版书名为《演说之禅》。

Dan Roam, *Blah, Blah, Blah: What to Do When Words Don't Work* (Portfolio Hardcover, 2011)。罗姆的第一本书《餐巾纸的背面》,说明了简单的绘图能够帮助人们快速找到创造性的解决办法。这一本书更详细地介绍了视觉思维能带来更好的沟通效果。

David Sibbet, *Visual Meetings: How Graphics, Sticky Notes, and Idea Mapping Can Transform Group Productivity* (Wiley, 2010)。西贝特被视为视觉引导之父，视觉引导是一种实时采用图示记录关键会议的做法。他的这本书列举了主要的方法，里面包含许多对关键会议有益的建议。中文版书名为《视觉会议》。

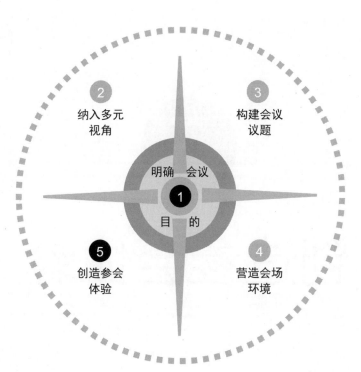

2 纳入多元
视角

3 构建会议
议题

明确 会议
1
目 的

5 创造参会
体验

4 营造会场
环境

5

创造参会体验

大多数人只是把关键会议当作一次重要的会议来准备，而没有把它当成完全不同类型的会议。

　　他们的规划方式，就如同一个空中交通指挥员试图在满满当当的议程上为大量的话题安排位置。

　　如果你要设计伟大的关键会议——而不只是粗略地制作议程——那么你必须采取不同的心态。摘掉空中交通指挥员的耳机，像音乐 DJ 一样思考，以能活跃人们情绪、讲故事、做记号的方式选择和排列你的活动安排。

　　很多人认为体验就是锦上添花的东西，例如，以愉快的晚餐开始会议，找到很棒的开会场所或确保会议材料的美观。但伟大的体验并不只是一次性的触动，它们为人们开启智慧和情感的旅程。

　　在设计关键会议时，你需要激励探索、使参会人员的全身心投入（并非只是他们的思想）和创建强大的叙事弧。只要把这些事情做好，你就能营造出通往洞察力和行动的体验之旅。

自我诊断

团队现在需要什么样的体验？

"体验是最好的老师"，这句话听起来可能有些陈词滥调，但这是真实的。根据目标的不同，正确的体验可能是军事演习锻炼、情景规划研讨会、深潜学习之旅、定制模拟或别的什么，但不可能是充斥幻灯片演讲的常规会议。

应该更多地关注收获还是痛苦？

所有的关键会议都会带来收获（机会）和痛苦（风险），团队会被其中一个或另一个所激励。一次精心设计的会议能够在两者之间找到良好的心理平衡，以适应特定的情境和目标。

会议如何使人感觉舒适或不舒适？

关键会议需要平衡参会者的舒适感，我们称为舒适悖论。当人们的基本需求得到满足并处于放松状态时，他们才最具创造力，但获得新的想法需要一点儿冲突因素。提前考虑清楚会议可能会使人感觉舒适和不舒适的地方。

你想让人们记住什么故事？

每个关键会议都有自己的叙事弧。想想你希望人们带着什么样的故事离开会场，然后逆向推理去设计你的工作。如果这个故事包括视觉影像，那么会让参会人员更容易记住内容并与人分享。

必要行动

鼓励探索，而非灌输

只有自己去发现才会学得最好——这也是我们要停止向别人讲述重点的原因之一。

将"下载"现成内容的时间最小化

为主动学习腾出空间。认真看一下你想要涵盖的所有内容，看看其中哪些能作为会前阅读材料、会前观看视频，将其转化为自主探索的活动。你的项目仍然可以包括演讲，但请把它们缩至最短，这样参会人员才不会成为被动接受者。

让解决具体问题的时间最大化

人们在处理自己关心的问题时会变得很积极，所以记得在会议中插入几个解决问题的活动。给予有意见的小组清晰的指导、提前准备的视觉模板或者两者兼备，这样能够帮助他们以结构化的方式共同思考和协作。

让人们行动起来，亲身去体验

当财捷集团的卡伦·汉森想帮助同事了解客户对产品的"初次使用"持肯定态度的重要性时，她并没有讲给他们听。相反，她给了他们几把密码锁，有些容易打开，而有些非常困难。这样一来，大家就能亲身体验到客户初次使用时的感受了。

全身心投入

理性和情感并不是对立的，它们紧密相连。伟大的关键会议对理性和情感有着同样的需求。

为人际互动创造条件

冷漠、正式的场合只能产生僵硬的互动。如果缺乏真正的情感，就不可能有真诚的沟通。如果你想让参会人员全身心地投入，那么沟通体验中的温暖触动会让参会人员感觉他们在做真实的自己。舒适的家具、手绘插图或温热的食物，这些简单的触动会给人带来温暖的感觉。我们合作过的一个团队经常在会议午餐中提供汤类，这样做让每个人都感到被关怀。

设定清晰的界限

会议主办方往往不愿让参会人员将情绪带入会议，因为这会使关键会议更难以预测。然而，并不是所有的客人都对此感到舒适。当你为真诚的对话创造条件时，也需要作出设计，设定一些让怀疑者们释然的界限。一种行之有效的策略是为会议的决策制定出中立的标准，这会让参会人员认为决策不是情绪冲动的产物。

利用情绪的起伏

最好的会议应该兼有情绪的高峰和低谷。就像你看到的澳大利亚基督教兄弟会处理会员数量下降的故事，有时你需要精心安排一个情感低谷以取得突破性的进展。一个一起经历过情感低谷的团队往往能够达到成功的彼岸。

创建叙事弧

会议议程只是一个呆板的列表，但会议体验是动态的过程。提前认真考虑一下，随着会议的进行，参会人员会有什么样的会议体验。

关注开始和结束

对于任何体验过程来说，开始和结束部分都是非常重要的。社会心理学有个概念叫峰终定律，意思是我们记忆某项事物的体验取决于开始和结束时的感觉。所以，多想一想如何开始和结束会议吧。

为危机时刻努力奋斗

设计的原则要求人们关注体验中"最难做好的事情"。关键会议中最难做好的事情就是团队必须作出决定的时刻。多花些时间和精力计划一下怎样应对这些需要达成一致的时刻。

行动和反思交替进行

关键会议在行动和反思之间交替进行。想一想：在完成多少工作后你的团队有必要进行一下反思？在开始下一个正式内容前，允许大家有多长时间的闲聊？各个团队的最适宜节奏是不同的，但找到正确的节奏会推动工作顺利开展。

平衡结构化与反结构化

许多关键会议陷入困境是因为它们没有切中问题要害，要么在散漫地兜圈子，要么在机械地按照流程硬撑。我们需要在结构化与反结构化之间找到平衡点。这意味着要为会议设定明确的目的、界限和流程，同时，也要为探索和发现留出足够的活动空间。

使用德布林 5E 模型

创新咨询公司德布林公司的设计团队利用这一简单工具对任何用户体验进行系统的思考。

用以创造引人注目的体验的德布林 5E 模型

1　吸引（Entice）　参会人员如何提前对会议有所了解
2　参加（Enter）　他们怎样达到会场
3　参与（Engage）　他们怎样体验会议
4　离开（Exit）　他们怎样离开会场
5　延伸（Extend）　会后所有相关的沟通和互动（正式与非正式）

许多人花费很多时间思考第 3 项——会议本身，但其他 4 个阶段对参会人员体验来讲也非常重要。像创造性地邀请（吸引）或一个不寻常的礼物（离开和延伸）这种小的触动都会对参会人员体验产生很大影响，这样的会议会给他们留下永久的记忆。

画一张"参会者体验地图"

每个关键会议都有低潮、能量与情感的流动，有些是特意设计的，有些则是会议动态自发生成的。第 8 章中提供了一个简单的"参会者体验地图"的例子，以描述在关键会议期间的能量流动。试着画一张像这样的简单示意图，从参会人员的角度展示你认为他们是如何感受这次会议的。

将挑战转化为游戏

一个有趣的学习导向型游戏是使人参与的最简单方式。基督教兄弟会利用"人口行动"这个棋盘游戏处理会员数量下降的挑战；财捷集团的高管通过亲身参与寻宝游戏，对全面迎接移动设备这一需求达成了一致。虽然这种"游戏化"方式乍听起来可能很有风险，但是你可以通过提前模拟和测试体验来降低风险。

进行先期审查会议

威廉·爱德华·戴明所推崇的质量运动的最常见的方法就是"先期审查会议"(Pre brief)，或分析尚未发生的事情，在它们发生之前清除错误可能产生的根源。试着通过询问："如果会议完全失败，是因为什么？""如果会议取得巨大成功，又是因为什么？"以先期审查你的会议。你一定会找到改善会议的新方法。

报告使用"大标题"模板

小组报告——部分参会人员向更多的人分享他们的想法或成果——是研讨会中最棘手的部分。发言者往往在总结自己小组的工作时出现表达上的困难，或缺乏重点。因此，需要为他们提供一个严格的模板——只须填写标题——以简明扼要地报告他们的成果。

推荐阅读

John D. Bradford, Ann L. Brown, and Rodney R. Cocking, eds., *How People Learn: Brain, Mind, Experience, and School* (National Academies Press, 2000)。国家科学研究委员会报告称这标志着学习科学这一领域的伟大开端。

Lewis P. Carbone, *Clued In: How to Keep Customers Coming Back Again and Again* (FT Press, 2004)。全面概述怎样思考产品和服务的体验设计，对关键会议的设计有重要意义。

Dave Gray, Sunni Brown, and James Macanufo, *Gamestorming: A Playbook for Innovators, Rulebreakers, and Changemakers* (O'Reilly Media, 2010)。充满富有成效的基于游戏活动的工具箱，帮助团队产生新创意。你可以直接拿来用，也可以作为借鉴设计自己的活动。

John Medina, *Brain Rules: 12 Principles for Surviving and Thriving at Work, Home, and School* (Pear Press, 2008)。梅迪纳对脑科学的现代发展的概述充满了关于关键会议体验的见解。

Donald A. Norman, *Emotional Design: Why We Love (or Hate) Everyday Things* (Basic Books, 2005)。杰出的设计评论家和心理学家展示了设计者是如何从整体和以人为中心的角度看待他们的设计的。形势与功能的结合！

B. Joseph Pine II and James H. Gilmore, *The Experience Economy*, updated ed. (Harvard Business Review Press, 2011)。作者为当代经济的体验提出了充分理由，并且带领读者领略了这样做的企业的风采。

Daniel Pink, *A Whole New Mind: Why Right-Brainers Will Rule the*

Future (Riverhead Books, 2005)。作为平克的畅销书，它一半是观点陈述，一半是实操手册，它介绍了几种创造性能力——例如，讲故事的能力、共情能力和设计感——正在改变我们的经济及关键会议。

Daniel Schacter, *Seven Sins of Memory: How the Mind Forgets and Remembers* (Mariner Books, 2002)。这一关于人的记忆力特征和缺陷的迷人的读本解释了随着时间的流逝，我们为什么会记得或忘记，我们记得或忘记了什么。

Moments of Impact

致谢

　　本书创作中的很多想法都源于一个了不起的名叫"全球商业网络"（GBN）的地方。2001年，我与之结缘。GBN网站不大，任务却不小：帮助组织更有创造性、更全面地考虑最重要的机会和最艰难的挑战。从1987年到2012年，GBN为上百家各种类型的组织提供情景规划，通过这种做法，GBN使上千名的企业领导形成了良好的工作、规划和决策方式。在我个人看来，这是一个神奇的实践性社群，有着强烈的好奇心、互相尊重，以及使世界变得更好的责任。

　　尽管GBN已经不复存在了，但它的思想犹存。情景规划是当今企业用来为日后保驾护航的最常用方法，同时GBN的移民社群仍在继续推动全世界各种各样的组织进行改制。我们很幸运地成了其中一员。

　　我的两个GBN友人在本书的出版过程中发挥了重大的作用。珍妮·约翰逊，GBN曾经的全明星级别编辑，从起初的提议草案到最后的编辑印刷，给予我们一臂之力。她鞭策我们在论证上做到更严谨，在表述上做到更清晰，在关键时刻她本人也承担起了分外的责任。南希·墨菲是我们直言不讳的专家，是带给我们灵感的缪斯女神，她一步一步地指导我们作出既符合文意又能最好地服务于读者的决定。

　　我们的经纪人克里斯蒂·弗莱彻，很早就预见了这项计划的潜能，而且在本书写作过程中提供了准确的建议。她帮助我们节省了宝贵的时间和精力，让我们能够专心致志地写作。

我们也得到了西蒙与舒斯特公司编辑团队的鼎力支持。本·勒纳对于叙事、风格和结构紧密性的敏锐眼光，提升了本书的连贯性和创作效果。布里特·西维德全程耐心地指导我们，为了帮助实现我们的观点，常常涉猎新的知识领域。我们也十分感激艾米丽·露丝，她看到了这个提议最初的愿景——然后巧妙地把我们原来的框架换成了一个我们真正能实现的大纲。

克里斯托弗·西蒙斯和内森·夏普，来自旧金山的 MINE 设计工作室，为本书创造了一个简洁的视觉形象，同时他们也是我们的思想伙伴，帮助我们雕琢核心的理念，使之更加明确清晰，从而能够用简单的图画表示出来。

最后，如果没有这一百多位专业人员慷慨地付出时间、提出想法，以及从与他们冗长的访谈中获得的故事，就不会有这本书。尽管我们忍痛割爱了一些重要的想法，但每场讨论都会以某种重要的方式加深我们的理解。我们已经尽全力去仔细倾听这些出色的人的不同观点，我们希望这么做对他们是公平的。

来自克里斯·厄特尔的致谢

在电影致谢名单中，约定俗成地把大明星放在第一位。在著作的致谢中，人们通常把他们放在最后。我认为电影人的做法才是正确的。

我父母都是专业的图书编辑，他们赐予了我自我鼓励、好奇求索和热爱文字的天赋。我的母亲已经年过八十，但她还在设法寻找一些即将定稿的编辑工作，帮助人们留意那些被遗忘的大量的圈圈点点的修改痕迹。在《关键会议》这本书即将出版之际，我能感受到千里之外父亲自

豪的笑容带给我的温暖。

我还要感谢我的妻子，约翰娜·伯约曼，用"支持"这个词来形容她的付出是远远不够的。在我们一开始对写书的想法兴奋不已但还不确定我们能否顺利完成的时候，是约翰娜让我明白，除了牵头去做我别无选择。我们的女儿薇拉还太年幼，不明白为何她的父亲这一年里天天去咖啡馆，而不是去办公室。但她能感到我需要一些帮助，她每天早上都把琪琪——她最喜欢的那双平板拖鞋的一只——放到我的包里，让我在写作的时候感到欣慰。

如果没有良师益友，我们将身处何处？我最亲密的朋友，也是本书共同的策划人，埃蒙·凯利，全身心地投入到这本书中，多年来以无数种方式推动着本书的创作。他的恩情太重了，让我无以为报，我只能在将来慢慢偿还。

每当写作停滞不前的时候，有三个人的名字是我最先想到的。布里·林肯浩克指导我认知科学和行为经济学的知识，这些知识充斥着每个章节。乔纳森·斯塔是我最可靠的"试剂"，他能检测出本书能否面对那些专家级别的专业读者的挑战。他的评论使一些章节的论述更加有力。纳皮尔·柯林斯——专业的网络构建大师，促进了很多有价值的图书创作——帮助我把这本书与它所依据的更深层次的历史文化思潮联系起来。

一些人为本书的完成付出了脑力劳动，他们就像挖矿者一样追求到底、孜孜不倦。尤其要感谢的是斯图尔特·布兰德、乔·富勒、凯瑟琳·富尔顿、乔尔·加罗、吉恩·哈梅尔、罗纳德·海菲兹、拉里·基莉、阿特·克莱纳、杰伊·奥格威、阿诺·萨克森宁、麦克尔·施拉格、克莱·舍基、彼得·施瓦茨、凯斯·万·德·黑伊登、史蒂夫·韦伯，以及劳伦斯·威尔金森。

多年来，我有幸能够向很多资深的关键会议专家学习。如果你获得了和这些人共事的机会，就好好把握吧，他们是萨尔塔·艾哈迈德、安德鲁·布劳、妮可·波伊尔、吉姆·布契、林恩·瑟斯、朱迪·程、克里斯丁·科布尔、约翰·柯林斯（"JC"）、米克·科斯蒂根、唐·德罗斯比、安吉洛·弗里格、伯尼·贾沃斯基、凯蒂·乔伊斯、埃里克·基埃尔、芭芭拉·基布、皮特·莱顿、索菲亚·梁、马特·洛克新、马特·马库斯、乔·麦克罗森、迈克尔·玛尔卡茜、恩里克·俄勒冈、史蒂夫·皮克尔、瑞安·派克尔、马特·拉南、克里斯·赖利、戴安娜·希尔斯、埃里克·史密斯、凯琳·斯塔瓦基和苏珊·斯蒂克利。

作为一个顾问，我也有幸能够和一些很棒的客户合作，他们鞭策着我尽全力工作，包括劳拉·坎贝尔、大卫·霍克斯、安迪·海因斯、安布罗斯·佩恩和玛丽莲·沃尔顿。一些朋友和同事也在本书创作中作出了有价值的贡献，包括梅尔·布莱克、珍妮·柯林斯、艾玛·金杰、罗恩·利伯、比尔·墨菲、梅丽莎·奎因和罗杰里奥·瑞泽。

最后，感谢很多挚友支持我走过这美好与坎坷的几十年，鼓舞着我做真实的自己。谢谢你们：约翰·迈尔、凯伦·莱维斯克、马特·施瓦茨，以及 TJ·特德斯科。

来自丽莎·凯·所罗门的致谢

我有幸加入这个由一群能力惊人、富于支持、鼓舞人心的人组成的团体，使这本书从无到有。

如果没有恰克·豪士，这位专业的发起者、卓越的思想领导者、我们当中唯一的休利特·帕卡德挑战奖章获得者，就不会有这本书。是恰克给了我和克里斯在 2010 年斯坦福大学传媒 X 研讨会上展现我们对关键会议设计的共同热情的机会，让我们有了第一批听众。从那时起，写

书的任务正式开始。

商业模式的创始者亚历山大·奥斯瓦尔德和伊夫·皮尼厄，以及他们的天才设计师阿兰·史密斯，共同创作了《商业模式新生代》(BMG)。该书对世界影响深远，对我尤甚。他们的工作让我想要成为一名作家，去帮助领导者们运用新工具应对当今的复杂情势。派翠克·范德皮尔，该书的制作人，是这项计划孜孜不倦的倡导人，也是一名杰出的富有创造性的合作伙伴和朋友。

如果你和我一样相信设计具有改变世界的力量，将有助于你成为我们这个拓展团体的一员。我在加利福尼亚艺术学院 DMBA 项目的同事：内森·谢卓夫、苏珊·沃斯曼和蒂姆·史密斯，以及我的学生们，不断地鞭策我成为这门学科更好的实践者。我尤其要感激 DMBA 项目的同伴米歇尔·道森，她的研究、设计和成果帮助，以及她的无尽热诚，对本书的写作都非常宝贵。

我也要感谢那些勇敢的"跨界者"，他们激励着我尝试于学科边缘，给了我挑战的勇气。丹·罗姆、珍妮·利特卡、南希·杜瓦特、大卫·凯利、丹尼尔·平克、亚当·格兰特、萨拉·贝克曼、凯伦·汉森、戴安·罗森伯格、基姆·萨克斯、希瑟·麦克劳·德格兰特、科瑞·福特、凯文·布鲁、珍妮弗·杜尔斯基、戴夫·维奥蒂、JD·施拉姆、卡罗尔·罗宾、里卡多·利维、肯·波格丹诺夫、菲尔·维克汉姆、比尔·托宾和埃里克·范德尔·普勒伊姆。这些杰出的人以他们自己的方式，推动着以人为本的设计的发展。

然后，我要感谢我的朋友和同事，他们不知疲倦地关心计划、审校先前的文章段落、提出真诚的有建设性的反馈意见。非常感谢埃里森·瓦根菲尔德、埃德·巴蒂斯塔、兰迪·卡普兰、雅丹利·萨克斯、安·格林，劳拉·兰黛，罗比·巴克斯特、海蒂·奥古斯丁、特雷西·特福蒂勒、凯瑟琳·莫伊尔、朱莉克·鲁盖基、莱斯林·布尔、卡洛琳·海勒、林恩·瑟斯、艾米丽·谢泼德、安东尼·威克斯、胡清怡（音译）、凯伦·帕斯、阿里扎·盖泽克、凯利·维卡斯和萨拉·莱斯利。

人们说，你可以带走费城的女孩，但你不能将费城从女孩的心中带走。我非常感谢东海岸的朋友们，助我在本书的创作中"保持本真"。她们是詹妮弗·芬克尔斯坦、米兰妮·卡普兰、詹妮弗·科恩、梅丽莎·利伯欧、瑞伊·林格尔和雷切尔·施瓦茨。

如果没有我的母亲，就不会有这本书的存在。我的母亲邦尼·凯，是一名系统思维的高管教练，她很早就教育我"唯一一件比沟通更糟糕的事情就是没有沟通"。她慷慨的精神和哲学思想的影响贯穿于本书的创作。我父亲，麦克尔·凯，带着幽默感、谦逊和无尽的耐心倾听我对本书的观点，他将这些品质集于一身，并教诲我以此为做人准则。我还要感谢充满关心和支持的大家庭，他们能够理解、体贴我，而不是一直催问我著作是否完成。

我丈夫格伦也渐渐开始跟我进行更多的关键会议，甚至比任何人都多（补充一点，我们的关键会议并不总是事先设计好的）。在创作的全过程中，他是我坚定不移的支持者，也是我力量的源泉。作为我的知己，我固定的网球教练，也作为孩子们出色的父亲，他远远地超越了夫妻间的"从优秀到卓越"模式。我们的两个女儿，托比和萨曼莎，照亮了我的每一天，她们提醒着我既要糊涂也要谨慎，既要调皮贪玩也要心中有数，既要善于合作也要保持独立——这些在我们最艰难的决策时刻提供了很好的借鉴。我非常感激你们每个早上给我的亲吻和每个夜晚给我的拥抱，这让再艰难的关键会议也充满美好的希望。